SHODENSHA
SHINSHO

新・世界から戦争がなくならない本当の理由

池上 彰

祥伝社新書

JN110465

本書は、小社にて二〇一五年に単行本として刊行され、二〇一九年に新書化されました。

今回、世界情勢の大きな変化に鑑み、新たに書き下ろした「新まえがき」「新章」を加え、

全体を加筆・修正して緊急出版します。

新まえがき――やはり戦争が起きてしまった

第二次世界大戦は、ポツダム宣言を受諾した日本が、アメリカやイギリスをはじめとする連合国に無条件降伏して終結しました。一九四五年のことです。この年の五月、ドイツが連合国に降伏しています。日本では、昭和天皇の「終戦の詔書（しょうしょ）」がラジオ放送（いわゆる玉音（おん）放送）された八月一五日を「終戦の日」としていますが、世界的には九月二日が第二次世界大戦の終戦です。これは、日本が降伏文書に署名・調印した日だからです。

あれから七九年。まもなく戦後八〇年を迎えます。

日本は戦後、平和を誓い、憲法に「戦争の放棄」を定めました。戦時中に疎開生活を経験されている上皇陛下は二〇一八年一二月、天皇として最後の誕生日会見で、「平成が戦争のない時代として終わろうとしていることに、心から安堵（あんど）しています」と述べられました。在位中は戦争犠牲者の慰霊を続けてこられました。いまの天皇陛下も、その平和への痛切な思いを受け継がれています。

戦後の日本は、戦争の当事国になっていません。

3

しかし世界では、内戦、国境紛争、民族対立、宗教対立、テロとテロへの報復、大国による軍事介入など、原因や形態は異なるものの、戦火が絶えることがありませんでした。どの戦争でも多くの血が流れ、命が失われました。

悲しいことです。

世界中の人々が、戦争のない平和な時代を熱望しているはずなのに、なぜ世界から戦争はなくならないのか——。そんな素朴な疑問に答えようと、この本が生まれました。最初は、戦後七〇年という節目の二〇一五年七月に単行本として刊行されましたが、四年後の二〇一九年七月、加筆・修正のうえ、新書版に装いをあらためました。その「新書版まえがき」を、私は次のように結んでいます。

「世界から戦争がなくならない本当の理由」という書名には、「だからこそ理由を解明して戦争をなくさなければならない」という思いが込められています。

こんな題名の本が出なくても済むような時代が来ることを願いつつ。

この願いに変わりはありません。

ところが、悲しいことに、いまも「世界から戦争がなくならない」状態が続いています。

二〇二二年二月、ロシアがウクライナに侵攻しました。中東パレスチナの地では二〇二三年一〇月に、イスラム組織ハマスとイスラエルとの間で戦闘が始まりました。

今回、このロシア・ウクライナ戦争とパレスチナでの戦闘について、また日本を取り巻く安全保障環境について説明するべく、新章を設けました。それ以外の部分も加筆・修正しています。世界から戦争がなくならない本当の理由について、一緒に考えていきましょう。

二〇二四年三月

ジャーナリスト・名城大学教授

池上　彰

第八章　日本人が知らないアフリカ、アジアでの「代理戦争」

第九章 バックミラーに見える歴史から学ぶこと

新章

世界で戦争が起こった理由

1 ロシア・ウクライナ戦争

■なぜロシアはウクライナに侵攻したのか

ロシアがウクライナへの軍事侵攻を開始したのは、二〇二二年二月二四日です。ウラジーミル・プーチン大統領がロシアの国営放送を通じて「ウクライナに対して『特別軍事作戦』を実施する」と演説した直後、ウクライナ各地にロシア軍のミサイルが撃ち込まれました。

そもそも、なぜロシアはウクライナに侵攻したのでしょうか。

これには大きく三つの理由があります。まず、**プーチン大統領の歴史認識**によるものです。プーチンは二〇二〇年からのコロナ禍にあって、二年間近く、ずっと隔離生活のような状態の日常を送っていました。ロシアで開発されたコロナウイルスのワクチンは旧来型で、私たちが接種したファイザーやモデルナ製のmRNAワクチンとは違い、どんどん変異するコロナウイルスに対応できないものでした。デルタ株やオミクロン株などの新しい変異ウイルスには効き目がなかったのです。

このロシア製ワクチンをプーチンは信用していませんでした。そのため大統領公邸に引きこもり、人に会わない隔離生活状態になっていました。どうしても誰か、たとえば側近に会

16

わなければならない場合は、PCR検査を受けさせ、陰性であることを確認してから入室を許可する。そんな状態でした。

では、プーチンは隔離生活の間、何をしていたのか。それは読書です。もともと読書家で歴史に関心の高いことでも知られるプーチンは、帝政ロシアの歴史に関する本を読んでいたというのです。コロナ禍によって読書に集中できる時間が増えたのかもしれませんが、歴史書を読むことで、彼独自の歴史観がより深まったと見ることもできるでしょう。

かつてプーチンは、尊敬する人物を問われて、ピョートル大帝（ピョートル一世）を挙げたことがあります。一七二一年に成立したロシア帝国の初代皇帝です。プーチンに言わせれば——ピョートル大帝や第八代皇帝エカテリーナ二世たちが領土を拡大して、ロシア

国営放送（テレビ）で「特別軍事作戦」について演説するプーチン大統領

帝国を巨大な国家にした。ウクライナの領域も支配していた。そして、いまのロシア、ウクライナ、ベラルーシは、どれもキエフ・ルーシという国にルーツがある。だからロシアもウクライナもベラルーシも、もともとはひとつの国で同じ民族なのだ——というわけです。

キエフ・ルーシとは、一〇世紀から一三世紀にかけて栄えたキエフ大公国（たいこうこく）のことです。「キエフ」からわかるように、いまのウクライナの首都であるキーウに都（みやこ）を置いていました。また「ルーシ（Rus）」は「ロシア」の語源と言われています。

さらにプーチンによれば——ウクライナは同じ民族であるにもかかわらず、自分たちだけの国を樹立しようとする機運があった。そこで一九一七年のロシア革命のときに、革命の指導者レーニンがウクライナに妥協して、ウクライナを独立国として認めてしまった。そして独立を認めた上で、ソ連（ソビエト社会主義共和国連邦、現・ロシア）を構成する一五の共和国のひとつとして編入した。すなわちレーニンが勝手なことをしたおかげで、本来はロシアの一部であるはずのウクライナが独立国だと思い上がっている。それを正さなければいけない——このように言うわけですが、プーチンのこうした歴史認識は偏（かたよ）った考え方です。

ロシアとウクライナをめぐる歴史は複雑です。エカテリーナ二世の時代（一八世紀後半）に、ウクライナがロシア帝国の支配下にあったのは史実ですが、ロシア革命で帝政ロシアが

崩壊した一九一七年からソ連が成立する一九二二年までの五年間だけを見ても、ロシア臨時政府とウクライナ中央ラーダ政府（「ラーダ」とはウクライナ語で「評議会」のこと。「ソビエト」もロシア語で「評議会」の意味）との間で四年間にわたる内戦がありました。

その結果、レーニンの共産党（ボルシェビキ）が支配するウクライナ社会主義共和国が誕生して、この国がソ連に加盟することになりました。必ずしもプーチンが主張する「レーニンの妥協」ではなかったのです。

■「NATOが攻めてきた」

ロシアがウクライナに侵攻した二つ目の理由は、**北大西洋条約機構（NATO。North**

2022年4月、ウクライナ・ドネツク州のマリウポリに侵攻したロシア軍戦車

Atlantic Treaty Organization）の勢力拡大です。

　第四章と第六章でもお話ししますが、第二次世界大戦が終わると、世界は「東西冷戦」の時代を迎えます。資本主義陣営（西側）と社会主義陣営（東側）の二つのグループに分かれて、激しく対立した世界の構造を「東西冷戦」と呼びます。西側の代表はアメリカ、東側の代表がソ連です。ちなみに日本から見ると、アメリカが東でソ連は西になりますが、ヨーロッパを中心にした世界地図ではアメリカが西、ソ連が東です。

　ソ連の軍事的脅威に対抗することを目的に、西側諸国は集団安全保障体制を築きました。それがNATOという軍事同盟です。一九四九年に、アメリカ、イギリス、フランス、ベルギー、カナダ、オランダ、ルクセンブルクなど一二の国で発足しました。

　するとNATOに対抗するものとして、ソ連をはじめとする東側諸国八カ国が、一九五五年にワルシャワ条約機構という軍事同盟を設立しました（245ページの図）。ところが、ソ連の崩壊と共に東西冷戦は終わり、ワルシャワ条約機構も一九九一年に解散します。にもかかわらず、NATOはそのまま存続しました。

　さらに、ワルシャワ条約機構に加盟していたポーランドやハンガリーなどの東欧（東ヨーロッパ）諸国が、次々とNATOに参加していきました。ロシアから離れてNATOに逃げ

込んだと言ってもいいでしょう。　東欧の国々には東西冷戦時代、ソ連の圧力で自由を封じられた歴史があったからです。

ハンガリー動乱（一九五六年）やチェコスロバキア（一九九三年にチェコとスロバキアに分離独立）の「プラハの春」（一九六八年）が象徴的です。独自の民主化をしようとすると、常にソ連が軍事介入して押し潰されてきたのです。それが東西冷戦が終わり、ソ連も崩壊しましたから、東欧諸国にしてみれば、「もうわれわれはロシア（旧・ソ連）から離れることができる。自由なのだ」ということで、NATOに参加していったのです。二〇二三年末時点で加盟国は三二になっています。

しかしプーチンの目には、こうしたNATOの勢力拡大の動きは「NATOが、わがロシアに攻めてきた」と映りました。これは思い込みに近いのですが、その背景にはロシア独特の被害妄想があります。というのも、ロシアの国土は面積が約一七一〇万平方キロメートルという巨大さで、日本の四五倍です。　陸地の国境線は二万二四一キロメートルもあります。これだけ長い国境線を守るのは国土防衛上、大変なことです。

かつてロシアは、ナポレオンの大遠征でモスクワまで攻め込まれました（一八一二年）。日露戦争（一九〇四〜一九〇五年）では日本に敗れ、南サハリンなどの領土を割譲させられ

ました。そして第二次世界大戦ではドイツの侵攻を受け（一九四一～一九四五年）、軍人と民間人合計で、およそ二七〇〇万人もの犠牲者を出しています。

こうした歴史がトラウマになり、**ロシアは、いつ何時敵が攻めてきて侵略されるかわからないという被害妄想を抱えてきました。ロシアは臆病な国なのです。**ですから、NATOが攻めてくる。その前になんとかしなければいけない。やられる前にやっておかなければいけない。このような、ロシアの被害妄想と疑心暗鬼がウクライナ侵攻につながっていったのだと思います。

■緩衝地帯が消えた恐怖

ソ連時代、ロシアは周辺の東欧諸国を緩衝地帯にしていました（93ページの図）。敵からの攻撃に対する防波堤です。その国々が、東西冷戦の終わりと共にNATOへ逃げ込んだわけですが、これは仕方がないと割り切りました。しかし、ロシアと一緒にソビエト連邦を構成していたウクライナやジョージア（旧・グルジア）までがNATOに参加するのは許しがたいことだったのです。

プーチンは、ソ連の崩壊を「二〇世紀最大の地政学的悲劇」と評しています（二〇〇五年

の年次教書演説）。この発言は、さまざまに解釈されていますが、大国だったソ連の誇りを取り戻したいという思いが込められていることに間違いはないでしょう。そのためには当然、周辺国を緩衝地帯にする必要があります。

東欧諸国に逃げられてしまったプーチンは、その代わりとして、旧ソ連を構成していたベラルーシ、ウクライナ、ジョージアを緩衝地帯に考えました。ところが、ベラルーシを除く二つの国はNATOへの加盟に意欲的で、NATO側も将来的に承認する方針を表明しています。だからプーチンにとって、ウクライナとジョージアがNATOに加盟することは最大の裏切りなのです。

さらに、緩衝地帯が消滅し敵と直に接する状況は、恐怖でしかありません。外から見ているとわかりにくいかもしれませんが、ロシアの内在的な論理としては、そういう臆病な思いがあるということです。

緩衝地帯を作ろうとするのは、ロシアのような広大な国土を持つ陸の大国に特徴的な、地政学上の戦略です。ロシアはソ連時代、東欧諸国と同時に、南にあるモンゴルも支配して緩衝地帯に組み込みました。モンゴルはソ連に次ぐ世界で二番目の社会主義国になり、首都は「赤い英雄」という意味のウランバートルに改称されました。

23

ソ連は一九七九年、アフガニスタンに侵攻します。それまでアフガニスタンは穏やかで無害の国だったのですが、クーデターが勃発し、反共産主義すなわち反ソ連のイスラム軍事政権が生まれそうになりました。これに危機感を持ったソ連がアフガニスタンに攻め込んだのです（第三章で詳述します）。ソ連を構成するタジク共和国（現・タジキスタン）やウズベク共和国（現・ウズベキスタン）はアフガニスタンと国境を接し、イスラム教徒が多く住んでいます。これら諸国がアフガニスタンに触発されて反ソ連化することを恐れたのです。

ところが、この軍事侵攻は〝やぶへび〟になってしまいました。アフガニスタンのイスラム教徒たちがソ連軍に抵抗してゲリラ戦を展開し、泥沼化したのです。しかも西側諸国が経済制裁を科すなど、ソ連は世界から孤立していきました。一九八〇年のモスクワオリンピックも、アメリカの呼びかけで日本を含む西側諸国がボイコットします。

ソ連軍がアフガニスタンから撤退したのは一九八九年。つまり泥沼状態は一〇年にもおよび、ソ連を消耗させました。アフガニスタン侵攻はソ連崩壊（一九九一年）を招いた要因のひとつと言えるでしょう。なおアフガニスタンでは、この後にアメリカが侵攻して戦争が起きますが（二〇〇一年）、それについては後述します。

ソ連は、中国も緩衝地帯にしようとしました。中国国内が国共内戦で国民党と共産党が

対立していたとき（一九四六〜一九四九年）、ソ連は中国共産党を支援しました。そのおかげで毛沢東の共産党が勝ち、中華人民共和国ができたのです。ソ連と中国は「一枚岩」と呼ばれるくらい、蜜月関係になりましたが、やがてイデオロギー的な対立が深まり、中国はソ連の言うことを聞かなくなりました。中国を自分の陣営に引き込んで緩衝地帯にしようとしたのに裏切られた。ソ連にとっては苦い経験です。

さらに朝鮮半島でも、同じようなことが起きました。朝鮮半島とソ連の間には国境線があります。その朝鮮半島で、ソ連は緩衝地帯として北朝鮮（朝鮮民主主義人民共和国）を建国させました。やがて北朝鮮の金日成が韓国（大韓民国）に攻め込み、朝鮮戦争（一九五〇〜一九五三年）が始まると、ソ連は北朝鮮を支援しました。しかし北朝鮮は、次第にソ連と距離を置くようになり、逆に韓国がソ連に接近します。一九九〇年には、韓国とソ連の間で国交が樹立されました。

この構図は、ソ連崩壊後に東欧諸国やウクライナ、ジョージアがNATOに"寝返り"していったのと似ています。だからロシアにはトラウマがあり、危機意識と被害妄想が生じているのです。

さらに言えば、ロシアは北側が北極海で、冬は氷に閉ざされます。この閉塞感は尋常な

ものではありません。何かあったときに、北に逃げることができないからです。だから、緩衝地帯が欲しいし、冬でも凍らない港（不凍港）が欲しい。それが**南へ南へと向かう、いわゆる旧ソ連の南下政策であり、いまのロシアが黒海に面するウクライナやクリミアに侵攻する動きにつながっている**のです。

■ウクライナ軍はロシア軍だった!?

ロシアがウクライナに侵攻した三つ目の理由は、**成功体験による失敗**です。

このことは第一章と第三章でも触れますが、たとえばアメリカは、ベトナム戦争（一九五五〜一九七五年。アメリカの軍事介入は一九六五年から一九七一年）で勝利を収めます。しかし、この成功体験が結果的に一〇年後の同時多発テロ（9・11）という失敗を引き起こしてしまいました。

ロシアの成功体験は、二〇一四年のクリミア占領です。ロシアはクリミアを自分の一部だとする思いを強く持っていました。ウクライナの南で黒海に突き出ているのがクリミア半島です（249ページの図）。ロシアは、ナイチンゲールが活躍したクリミア戦争（一八五三〜一八五六年）でも、クリミアの領有をめぐって、オスマン帝国と戦いました。

26

このときは敗れましたが、露土戦争（一八七七～一八七八年）では勝利します。

その後の紆余曲折を経て、一九五四年、クリミアはソビエト連邦を構成するロシアから

ウクライナ共和国に編入されました。これは、ソ連共産党第一書記（当時。以下、為政者の

肩書は当時のもの）のニキータ・フルシチョフが、クリミアをウクライナ共産党第一書記を務め

ていたこともあって、ウクライナに愛着がありました。そしてソ連成立後、スターリンによ

からです。フルシチョフは一九三八年から一九四九年までウクライナ共産党第一書記を務め

る人為的な食糧危機（ホロドモール。一九三二～一九三三年）などでウクライナに迷惑をかけ

た。その贖罪意識から行ったこととされています。

ところがソ連が崩壊すると、ウクライナはロシアから離れます。一九九一年十二月、ロシ

ア、ウクライナ、ベラルーシの首脳が国境線について協議（ベロベージ会談）したとき、ロ

シアはクリミアの領有を主張しましたが、ウクライナは一九五四年の編入を根拠に、これを

拒否します。結局、クリミアはウクライナ領のままとなりました。

しかし二〇一四年三月、プーチンが電光石火のごとくクリミアに軍を派遣して、ロシアへ

の併合を宣言します。それまでウクライナの一部だった「クリミア自治共和国」は「クリミ

ア共和国」となって独立を宣言した後、ロシアに編入されました。ロシア国内では、「やっ

とクリミアを取り戻した」と、お祭り騒ぎのように盛り上がりました。先にお話ししたように、ロシアには、「クリミアはもともと自分たちのものなのに」という思いが根強くあったからです。

クリミアを併合するにあたっては、特殊部隊をはじめとするロシア軍がクリミアに入ると、ウクライナ軍はほとんど抵抗せずに降伏してしまいます。当時、ウクライナ軍の兵力は五万人しかおらず、ロシア軍に太刀打ちできなかったのです。

加えて、ウクライナ軍の兵士や将校には、ロシアへの帰属意識が高い者が多かった。なぜなら、彼らはもともとソ連軍の兵士だったからです。ソ連時代、たまたま人事異動でウクライナに駐留していたら、ウクライナが独立してソ連から切り離されたため、ソ連軍からウクライナ軍所属になってしまったのです。だから、**彼らは意識の上では、ウクライナ軍ではなく、ロシア軍だったのです。**

実際、ロシア軍がクリミアに侵攻したとき、セヴァストポリ（クリミア半島南西部の軍港都市）にいたウクライナ海軍の将校は抵抗せずに降伏しています。ロシアへの帰属意識から、さっさとロシアに寝返ったわけです。ウクライナ海軍は一瞬のうちに消滅しました。いまもウクライナ海軍は戦艦を持っていません。こうしてロシアはクリミアを併合します。

プーチンにとっては、このクリミア併合が戦争の成功体験でした。ウクライナへの「特別軍事作戦」を決断したときも、ウクライナは無抵抗で降伏するだろう、戦争は三日で終わるだろうと思っていたようです。ところが、それは大きな誤算だったのです。

■プーチン大統領の誤算

プーチンの誤算とは、どういうことでしょうか。

先に述べたように、ウクライナ軍は兵士も将校も、相当程度が意識の上ではロシア寄りでした。またウクライナの保安局は、もともとソ連時代のKGB（国家保安委員会）です。KGBも軍と同様にウクライナの独立でソ連から切り離され、ウクライナ保安局の局員になっていました。これでは、ウクライナ内部の情報はロシアに筒抜けだったでしょう。兵力、兵士の意識、そして情報管理。すべての面でウクライナ軍は劣後していたのです。

ここから、ウクライナは反省をして、変わっていきます。たとえば、保安局にいたロシアのスパイを摘発して追放しました。また、兵力が五万人だから太刀打ちできなかったわけで、ただちに徴兵制度を導入すると（二〇一四年）、二〇万人にまで増員。予備役も増やしています。

兵士にはNATO式の軍事訓練を施します。ロシア軍もウクライナ軍も元はソ連軍ですから、ウクライナ軍の軍事訓練はそれまでソ連式でした。戦い方がまったく同じなら、兵力に勝るロシア軍が勝つのも当然です。

またソ連は途轍もない官僚国家でしたので、兵士は上官である将校の命令どおりに動きます。自分で勝手に判断してはいけません。ソ連式の訓練を受けていたウクライナ兵たちは、将校が「ロシアに降伏する」と命じれば、言われるがままでした。この反省から、ウクライナは将校や兵士たちをヨーロッパのNATO各国やアメリカに送り、NATO式あるいはアメリカ式の軍事訓練を受けさせたのです。

NATO軍やアメリカ軍も、軍隊ですから将校の命令を聞くことが絶対ではあるものの、「いざというときには現場で自分が判断しろ」と教えます。戦場に行けば将校と離れ離れになるケースも出てきます。基本的には上官の命令で動くけれども、「戦場では自ら創意工夫して戦え」ということをウクライナ軍の兵士は叩き込まれました。

こうした兵力増強や軍事訓練の結果、二〇二二年のロシアによる侵攻のとき、ウクライナは徹底的に抗戦してロシア軍を撃退します。ロシア軍は将校が前線に出て命令するという昔ながらの戦い方でしたが、ウクライナ軍はNATO・アメリカ式に兵士の自己判断が働きま

した。そのため戦争初期の頃、ロシア軍の将校が次々に殺害される結果となりました。将校が倒れれば、その命令で動いていたロシア軍兵士は何もできません。降伏するか逃げ出すしかなかったのです。侵攻直後のロシア軍は相当な打撃を受けました。

つまり**ロシアはクリミアでの成功体験から、三日で終わるだろうと高を括って敗北した。逆にウクライナは、クリミアで敗北したことを反省し、その失敗体験に学んで今度は勝った**、と言えると思います。プーチンの「誤算」とは、こういうことです。

ただし、これは二〇二二年二月からの初戦にかぎった話です。その後は、物量に勝るロシア軍に、ウクライナ軍は苦戦を強いられています。開戦から二年を経過したいま、どちらも前に進めないような停滞した状況が続いています。

■ **アメリカの思惑と戦略**

ロシア・ウクライナ戦争に対する、世界各国の関わり方を見てみましょう。

まずアメリカです。結論を先に言えば、アメリカの戦略は**「代理戦争」**です。ウクライナに米軍は派遣しないけれども、兵器は供与する。その兵器で戦ってくれということです。

しかし、それには条件があります。ロシア中心部まで攻撃できるような兵器──長距離射

程ミサイルや長距離を飛べる戦闘機などは除くことです。そのような兵器をウクライナに渡せば、ウクライナがモスクワを攻撃するかもしれない。するとロシアが報復で核兵器を使う可能性がある。そう考えたアメリカは、ロシアには核兵器を使わせない、ウクライナが自国を守れるギリギリのレベルでの兵器を供与したわけです。

つまり、**アメリカは積極的にウクライナを勝たせようとしているわけではありません。**ウクライナを〝負けさせない〟程度の支援しかしていないのです。ウクライナに兵器を送って代理戦争をさせ、ロシアの力を弱める。ロシアがこれ以上、周辺国を侵略できないように脅威を取り除く。これがアメリカの戦略です。

アメリカの軍事支援によってロシア軍は大打撃を受けました。ウクライナもロシア軍の攻撃で多くの民間人が犠牲になっていますが、アメリカにしてみれば、その犠牲はロシアを痛めつける代償なのです。

アメリカがウクライナに大量の兵器を供与するということは、アメリカ政府が軍需産業から買い上げることですから、いま、アメリカの軍需産業が有卦（うけ）に入（い）っています。大儲けしているのです。

実際、二〇二二年の夏頃から、軍需企業の株価が上昇しています。世界最大の軍需企業ロ

ッキード・マーチンは二〇二二年一二月、四九六ドルの史上最高値を記録しました。ウクライナ軍が使った携行型対戦車ミサイル「ジャベリン」は、同社とレイセオン・テクノロジーズが共同開発した兵器で、ロシア軍の戦車を一〇〇〇両以上も破壊したとされています。レイセオンはロッキードに次ぐ世界第二位の軍需企業で、こちらも株価が上昇しました。

戦場で多くの人たちが命を失う一方、大儲けする企業がある。　悲しい現実です。

アメリカが、ウクライナが〝負けない〟程度の支援しかしないとすると、ウクライナ単独でロシアに勝つのは難しいでしょう。しかも、アメリカの野党・共和党では、「もうウクライナへの支援をやめるべきだ」という論調が支配的になりつつあります。ただ、これがイスラエルとイスラム組織ハマスの戦いとなると、アメリカ議会の意見は別になります。共和党も与党の民主党もイスラエル寄りで、「イスラエルには、もっと軍事支援をしよう」と声を揃えています。そうなればアメリカは、ウクライナに支援をする余裕がなくなります。

それでも、ジョー・バイデン大統領は何とかウクライナへの支援を続けようとしていますが、二〇二四年一一月のアメリカ大統領選挙で、もしドナルド・トランプが共和党の候補として当選すれば、情勢は変わるでしょう。

トランプは「俺が大統領になったら、ウクライナの戦争は一日で終わらせてみせる」と豪

33

語しています。この発言の意味するところは、ウクライナへの支援をいっさい止めるという

ことです。そしてトランプ〝新大統領〟は、ウクライナに「ロシアに降伏しろ」と勧告する

でしょう。アメリカの支援を失えばウクライナは戦えません。だから「一日で終わる」と言

うのです。

すでにアメリカでは、大統領候補者を指名するための党員集会と予備選挙が始まっていま

すが、誰が次期大統領になるにしても、アメリカの国内情勢がロシア・ウクライナ戦争の行

方を左右することに違いはありません。

ウクライナのウォロディミル・ゼレンスキー大統領は、メディアとの会見で停戦交渉の可

能性について聞かれたとき、「その（停戦交渉の）つもりはない。ロシアがウクライナから部

隊を撤退させないかぎり、停戦には応じない」と、怒気をはらんだ声で否定しました。

こうしたゼレンスキーの姿勢は、アメリカからすれば傲岸不遜に見えます。「だったらウ

クライナだけで戦えばいい。アメリカは関知しない」となりかねません。さらに言えば、

「ウクライナはヨーロッパなのだから、ヨーロッパのNATO軍が助ければいい。なぜアメ

リカがわざわざ手を貸す必要があるのか」という考え方が生まれます。つまり、この戦争の

行方はアメリカ次第なのです。

■アメリカの大統領選挙で鍵を握るのは？

アメリカの大統領選挙について、もう少しお話しします。イスラエルとハマスの戦闘が始まる二〇二三年一〇月七日以前は、バイデンが支持率でトランプを少し上回っていました。

ところが戦闘が始まると、風向きが変わりました。イスラエル軍の空爆によって、ガザ地区で大勢の民間人が犠牲になり、子どもたちが死んでいる。そんなニュース映像がアメリカ国内で流れました。

それを見たZ世代（一九九〇年代後半〜二〇〇〇年代前半生まれ）をはじめとする若者たちは、「なんてかわいそうなことをしているのだ」と、イスラエルを非難するようになりました。彼らは年配者たちと違い、イスラエルというユダヤ人国家の成り立ちを深く知りません。迫害されたユダヤ人の歴史やナチスによるホロコーストを知らない。あるいは関心が薄い。ユダヤ人に同情的な年配者とは温度差があるのです。

前回（二〇二〇年）の大統領選では、若者たちの多くは民主党のバイデンに投票しました。おかげでバイデンが当選したわけですが、今回は若者たちの民主党離れ、すなわちバイデン離れが甚<ruby>甚<rt>はなは</rt></ruby>だしいのです。バイデンがイスラエル寄りだからです。

前述のように、アメリカでは民主党にかぎらず共和党もイスラエル寄りですから、バイデンから離れた若者たちはトランプにも投票しないでしょう。ということは、このままであれば投票率は大きく下がり、民主党の得票数が激減することが予想されます。しかしトランプには熱烈なファンがいますから、共和党は票を減らさない。つまり民主党が得票を減らすことでトランプが勝つ、という見通しになりつつあるのです。

もっとも、コロラド州の最高裁判所がトランプの予備選出馬を認めない判決を下したり（二〇二三年一二月一九日）、八一歳というバイデンの高齢や健康状態を不安視する世論があったりしますから、展開は不透明です。

それでも、民主党に愛想をつかした若者たちが投票に行かなければ、大統領選挙でも議員選挙でも共和党が多数の票を獲得します。するとアメリカは、イスラエルには全面的な支援をするけれども、先にお話ししたようにウクライナは助けないという構造になるでしょう。プーチンにしてみれば、思わぬ形で発生した〝漁夫の利〟ということになります。

■ 中国の隠された意図

では、中国はどうでしょうか。結論から先に言えば、様子を見ています。

中国は二〇〇五年に「反分裂国家法」を制定し、台湾が独立を宣言した場合には「非平和的手段」を講じても阻止する、としました。これが「台湾有事」、すなわち中国が台湾に対して武力を行使する可能性です。

もし**中国が台湾を攻撃したら、世界はどのように対応するのか。このシミュレーションをするために、中国はロシア・ウクライナ戦争をモデルケースのように観察しています。**

各国は、日本も含めてロシアに経済制裁を科しました。ところが制裁の効果は、それほど出ていません。ロシアには石油や天然ガスなどのエネルギー資源が豊富にありますし、小麦などの穀物も大量に収穫できる。自給自足できるのです。むしろ経済制裁を受けたことで、自給自足できることをロシア自身が確認したと言ってもいいでしょう。

たとえばスターバックスは二〇二二年五月二三日、ロシアのウクライナ侵攻を理由に、ロシア国内の一三〇の店舗を閉鎖して撤退すると発表しました。しかし従業員は残り、店舗も「スターズ・コーヒー」という名でリニューアルオープンしました。マクドナルドも同じ頃、「ロシアから恒久的に撤退する」として八五〇の店舗を閉鎖・売却しましたが、ロシアの実業家が買い取り、「フクースナ・イ・トーチカ（おいしい、ただそれだけ）」と名称変更して再開しています。このように、世界からの経済制裁があっても、ロシア国内の生活は実質的

な影響をあまり受けていないのです。

いま中国は、この様子を見ています。もし中国が台湾に侵攻したらどうなるか。——当然、経済制裁などで打撃は受けるだろう。しかし、すべての国が経済制裁に同調するわけではないし、グローバル・サウス（インド、インドネシア、トルコ、南アフリカほか、南半球に多いアジア・アフリカなどの新興国・開発途上国）は静観するだろう。さらに一帯一路で中国との貿易によって成り立っている国々も経済制裁に参加しないだろう——。こうした分析・予測を冷静にしているのだと思います。

ロシアは現在、親中国、さらに言うなら"中国頼り"になっています。二〇二三年一〇月一八日には、わざわざプーチンが北京にやってきて、習近平国家主席と会談しました。ロシア産の石油や天然ガスを、もっと中国に買ってもらうことが最大の狙いです。このときは一帯一路構想の提唱から一〇周年を祝う国際会議が開かれていたのですが、プーチンは主賓扱いでした。かつて中国を緩衝地帯に置こうとしたロシアはいま、中国への依存度を高めつつあります。両者の立場は完全に逆転したのです。

中国にしてみれば、ロシアが中国に頼らざるを得ないような、いまの状況は好都合です。ロシアがウクライナとの戦争に負ければ、"中国頼り"にいま以上の負荷がかかるかもしれ

38

ないので困りますが、勝つと増長するのでこれも困ります。戦争が長期化して膠着（こうちゃく）状態が続くほうが、台湾有事のシミュレーションとして分析できます。だから静観を決め込んでいるのです。

また**イスラエルとハマスの戦いにおいても、中国は様子見をしながら将来的な展望を計算しています。**中国は、どちらかと言えばパレスチナ（ここではガザとヨルダン川西岸のパレスチナ自治区を指します）寄りです。グローバル・サウスの国々も、同じようにパレスチナに同情的です。ハマスの武力行使は許せないけれども、そのためにイスラエルの報復攻撃を受け、パレスチナの民間人が犠牲になっている。「なんてかわいそうなことをしているのだ」と、イスラエルを非難するアメリカの若者たちに通じる心理があります。

中国はパレスチナ側に寄り添うことによって、グローバル・サウスを味方につけることができます。これは将来、台湾との関係においても中国のメリットになるでしょう。

戦争は当事国以外にも利益・不利益をもたらします。たとえば日本は、朝鮮戦争のときに、国連軍（実態はアメリカ軍主体）が必要とする物資を製造・供給することで経済的に大きな利益を得ました。いわゆる「朝鮮特需」です。

今回のロシア・ウクライナ戦争では、インドと北朝鮮が戦争特需を得ています。インドは

ロシアの足元を見るように大量の石油を買い叩きましたし、北朝鮮は砲弾をロシアに売って儲けています。中国は経済的な利益のみならず、世界的なプレゼンス（存在感）を高める意味でも、長期的な展望の下（もと）に戦争の行方を見守っているのです。

2 イスラエルとハマスの戦い

■ネタニヤフ首相が「戦争」と言った理由

ここからは、中東パレスチナの情勢について述べていきます。

そもそも「パレスチナ」とは、『旧約聖書』に登場するペリシテ人（ひと）（古代の海洋民族）に由来する地名で、地中海の東岸一帯を指します。現在のイスラエル、パレスチナ自治区、ヨルダン、レバノン、シリアの一部です。住民は、多くがアラブ人のイスラム教徒です。

パレスチナ自治区のガザを実効支配するイスラム組織ハマスがイスラエルに攻撃を開始したのは、先にも記したように二〇二三年一〇月七日のことでした。これに対してイスラエルが報復し、戦いが続いています。**この戦いを「戦争（war）」とするのか、それとも「戦闘（battle）」「紛争（cnflict）」なのか。各国のメディアによって表現にバラつきがあります。**

なぜでしょうか。

イスラエルのベンヤミン・ネタニヤフ首相（265ページの写真）は、報復攻撃に際して「われわれ（イスラエルとハマス）は『戦争状態』にある」と明言しました。これはイスラエルの基本法（憲法に相当するもの。一九五八年以来、議会で断続的に一三の基本法を制定）にある「国家は政府の決定にしたがって戦争を開始することができる」という条文に基づいて宣言したものです。

国際法において、戦争とは国家と国家の争いです。

パレスチナ自治区は一九八八年に独立を宣言し「パレスチナ国」を名乗りましたが、日本政府は国家として承認していません。だから日本のメディアは「戦争」と言わず、「戦闘」「紛争」「衝突」などと表現しているのです。ヨーロッパ各国も同様です。しかしアメリ

ハマスに襲撃されたイスラエル南部ベエリの建物。無数の弾痕が見える

カのメディアはイスラエル寄りですから、ネタニヤフが明言した「戦争」という単語を使います。「イスラエルの戦争（War on Israel）」もしくは「イスラエルとハマスの戦争（Israel-Hamas War）」です。

同様に、イギリスのBBCはハマスを「テロリスト（terrorits）」と呼ばず、「武装勢力（millitants）」としています。日本もそうです。ところがアメリカのメディアは、はっきり「テロリスト」と呼んでいます。するとイギリス国内で、BBCに抗議が殺到しました。「なぜハマスをテロリストと呼ばないのか」と、政治家（国防大臣、野党である労働党党首など）をはじめとする保守層が非難したのです。

こうした非難に対して、BBCは「誰かをテロリストと呼ぶことは、どちらかの肩を持つことになる」と述べました。つまり一方から見ればテロリストだけれども、もう一方からは正義の戦いをしているということもあり得る。テロリストと呼べば、そのどちらかに与することになる。BBCは客観的・中立的な立場から、ハマスをテロリストとは呼ばない。このような内容です。筋が通っていますね。

■ハマスの成り立ちと変遷

では、ハマスとはどのような組織なのでしょうか。

イスラム組織ハマスは一九八七年に結成され、二〇〇七年から地中海に面したガザ地区を統治しています。「イスラム抵抗運動」というアラビア語（ハラカト・アル＝ムカーワマ・アル＝イスラーミーヤ）の頭文字を並べると「ハマース」となります。この単語は「情熱、熱情」の意味も持ちます。つまりハマスとは「イスラム抵抗運動」の略称であると同時に、「情熱」のダブルミーニングなのです。

ハマスは、エジプトで一九二八年に結成された「ムスリム同胞団」のパレスチナ支部でした。ムスリム同胞団は後（のち）に政治的な組織に発展・拡大し、イスラム原理主義運動の源流とされますが、もともとは貧しい人たちに医療提供活動などをする社会福祉団体でした。ハマスはそのパレスチナ支部だったのです。

ところが、一九六七年に起きた第三次中東戦争で、イスラエルがヨルダン川西岸とガザ地区（パレスチナ自治区）を占領して多くの難民が発生するようになると、組織の性格が変貌していきます（中東戦争およびその後については第七章で詳述します）。

イスラエルの占領で土地を奪われたパレスチナの人たちは、イスラエル軍に投石して抵抗

43

するようになりました。なぜ石を投げたのかというと、当時のパレスチナの人たちは武器を持っていなかったからです。投石する彼らに、イスラエル軍は容赦なく銃を発砲しました。石を投げたら撃ち殺される。そうした衝突が頻発するなか、**イスラエルに憎悪をたぎらせたハマスが武装組織に変貌していったわけです。ハマスはイスラエルという国家の存在自体を認めず、イスラム国家の樹立を目指しています。**

また、パレスチナには非政府組織のパレスチナ解放機構（PLO）がエジプトの支援で結成されていました。パレスチナによる占領地区の解放を目的とする大がかりな組織で、軍事部門や財政部門を持ち、パレスチナ解放人民戦線（PFLP）など複数の派閥（グループ）で構成されていました。なかでも、主流派のファタハ（アラビア語で「勝利」の意味）は、反イスラエルのゲリラ戦やハイジャックなど激しいテロ・武力闘争を行うようになります。

第三次中東戦争の六年後（一九七三年）、エジプトとシリアがイスラエルを攻撃し、第四次中東戦争が起きます。しかし三週間で停戦、やがて和平に至りましたが、イスラエルとイスラム・アラブ勢力の対立が氷解したわけではありません。両者の間には、埋めがたい溝が残ったままでした。

一九八七年一二月、ガザで起きた交通事故をきっかけに、パレスチナ住民がイスラエル軍

44

に対して投石を始めました。さらに道路の封鎖やストライキも行うなど、抗議活動は大規模化して、ヨルダン川西岸地区にも波及していきます。この抗議・抵抗運動を「インティファーダ」（アラビア語で「蜂起（ほうき）」の意味）と呼びます。イスラエルの鎮圧で、およそ一五〇〇人の死者が出ました。石を投げたら撃ち殺されたのです。

国際社会は、イスラエルによる「鎮圧」を「弾圧」と見なして、パレスチナに同情的になりました。パレスチナの地に平和をもたらさなければいけない。仲介役を買って出たのが、ノルウェーです。一九九三年九月九日、ノルウェーの首都オスロで、イスラエルとPLOが和平に合意することが発表されました（オスロ合意）。この結果、ガザ地区とヨルダン川西岸地

ユダヤ人入植地に投石するパレスチナ人。2015年10月、ヨルダン川西岸のヘブロン

区でパレスチナの自治が認められ、自治政府が発足したのです。

同時に、PLOがパレスチナに戻ってきました。それまでPLOは、北アフリカのチュニジアに拠点を置いていたのですが、これはゲリラ戦やテロ活動を世界から非難され、中東のヨルダン、レバノンからチュニジアへと、拠点を移していかざるを得なかったからです。でもオスロ合意で、ようやくパレスチナに戻ることができました。

PLOは〝手ぶら〟で戻ってきたわけではありません。ゲリラ戦を展開していた武装組織ですから武器を携えていたのです。彼らは、パレスチナ自治政府の警察官になりました。警察官なので、武器を持つのは当然です。

一九九六年一月、ヨルダン川西岸とガザ地区で選挙が行われました。パレスチナ自治政府の首長（長官）選挙と立法評議会選挙です。その結果、PLOのヤセル・アラファト議長が長官に選ばれ、ファタハが評議会の過半数を占めることになりました。アラファトはファタハのリーダーでもあります。

しかし、ファタハ政権はひどく腐敗していました。パレスチナ自治政府が発足したとき、アメリカやEU（欧州連合。一九九三年創設）諸国が、さまざまな援助をしました。たとえばEUは「パレスチナ自治政府で使いなさい」と、ドイツ製高級車を大量に送っていますが、

46

それを乗り回したのは、政府ではなくファタハの家族でした。また日本を含む西側諸国は資金的な援助もしたのですが、とたんに地中海の海岸沿いに次々と豪華な別荘が建ち並びました。ファタハの家族が使う別荘であることは言うまでもありません。これらを、パレスチナの人たちは目の当たりにしています。

一方、**ハマスは社会福祉活動をしていましたから、過激な武装組織でありながら清貧でした。** ハマスは、オスロ合意に反対して「イスラエルを地中海に追い落とすまで闘争を続ける」という姿勢でしたが、ガザ地区に住む人たちからすれば、医療活動をはじめ、身の回りの世話をしてくれる献身的で清潔なグループです。

だからハマスは、初めて参加した選挙（二〇〇六年一月。第二回パレスチナ立法評議会選挙）で大きな支持を得て圧勝し、ガザ地区の実効支配勢力となったのです。

■戦闘が続くほうが、都合がいい!?

つまり、オスロ合意によってパレスチナ自治政府が発足し、PLOがパレスチナに戻ったことで、パレスチナは石に替えて武器を持つようになった。ハマスはその武器でイスラエルを攻撃した——こういう流れになるわけです。

そして、ハマスを筆頭に、反イスラエルのパレスチナ勢力はイスラエル国内で自爆テロを繰り返しました。その対抗策として、イスラエルは二〇〇二年から「分離壁」を建設します。高さ八メートル、コンクリート製の壁です。これでヨルダン川西岸とガザ地区を封鎖してしまいました。要所には検問所があります。この壁が奏功し、イスラエル国内でのテロが激減しました。イスラエルにとっては安心材料です。

ところが二〇二三年一〇月七日、ハマスが分離壁を突破してイスラエルを襲撃したのです。空からドローンとミサイル、地上では重機と爆弾で壁を壊し、ハマスの戦闘員がイスラエル国内になだれ込みました。予想外の展開です。

イスラエルには有名なモサド（イスラエル諜報特務庁）をはじめ、さまざまな情報機関があります。にもかかわらず、なぜハマスの襲撃を事前に察知できなかったのか、疑問に思われた方もいるかもしれません。

まずモサドは対外情報機関であり、アメリカならCIA（中央情報局）に該当します。パレスチナ自治区は管轄外です。パレスチナ自治区を含むイスラエル国内で諜報活動を担当するのはシャバック（通称シンベト。イスラエル公安庁）、アマン（イスラエル軍参謀本部諜報局）です。シャバックは政府機関でアメリカならFBI（連邦捜査局）、アマンは軍の機関でア

48

メリカのDIA（国防情報局）に当たります。このシャバックとアマンがガザ地区やヨルダン川西岸にスパイを送り込み、情報収集活動をしていました。

すると、シャバックが「ハマスの様子がおかしい」ことに気づき、政府に報告した。しかし政府はまったく動かなかった。こうした報道がハマスの襲撃後、続々と出てきました。イスラエルの国内メディアやアメリカの新聞「ニューヨーク・タイムズ」などが伝えています。シャバックもアマンも、「自分たちのせいで、こんなこと（ハマスの襲撃）になってしまった」とミスを認めています。

しかしネタニヤフ首相は、それを認めませんでした。ネタニヤフはハマスの襲撃を事前に察知で

東エルサレムのユダヤ人入植地（左）とヨルダン川西岸を隔てる分離壁

きなかったことで国民から批判を浴びていたのですが、「私は知らなかった。情報機関が私に知らせなかった」と、責任を情報機関に転嫁したのです。これに恨みを抱いたシャバック、アマン、イスラエル国防軍の幹部たちが、メディアを通じて「すでに情報は伝えていたのだ」と反論したわけです。

ネタニヤフは二〇二二年一二月からイスラエルの第二〇代首相を務めています。第一三代（一九九六～一九九九年）と第一七代（二〇〇九～二〇二一年）の首相でもありました。右派政党リクードを率いています。この経歴からは信じがたいかもしれませんが、彼はいま裁判中の被告人なのです。背任や収賄などの汚職容疑で二〇二〇年一月に起訴されています。汚職で起訴された被告人であるにもかかわらず、首相を務めているのです。

リクードは二〇二一年の総選挙で第一党となり、宗教シオニズム、ユダヤの力などの極右政党と連立政権を組んでいます。宗教シオニズムやユダヤの力は、パレスチナ国家を認めず、パレスチナの地は神がユダヤ人に与えてくれたものとする極端な考え方を持っています。そのため、**ネタニヤフ政権は「イスラエル史上もっとも右寄り」**と評されています。

司法の手で被告人となったネタニヤフは、「議員は選挙で国民から選ばれているが、裁判官はそうではない」と主張し、裁判所の権限を弱める法案（司法改革関連法案）を国会に提

出。与党の賛成多数で二〇二三年七月に可決されました。それまでイスラエルの最高裁判所は、閣僚人事など政府の決定について「合理性がない」と判断した場合は無効にできる権限がありましたが、法案はこれをなくすことが盛り込まれています。つまり、裁判所がネタニヤフに有罪判決を下したら、ネタニヤフはそれを取り消すことができるわけです。

これに対して、イスラエルでは「三権分立、民主主義を破壊する。ネタニヤフは辞任せよ」と抗議・反対運動が起きました。数十万人規模のデモや、軍の予備役一万人以上が兵役拒否に署名するなど、反発が広がりました。情報機関のモサド、シャバック、アマンも、ネタニヤフに呆れて、やる気を失っていました。そんな状況下でハマスの襲撃が始まったのです。

その後、最高裁判所は、この法律を無効にしています。

そのため、ネタニヤフの支持率は下がっています。通常、戦争が始まると当事国のリーダーの支持率は上がるものです。「史上最低の大統領」と酷評されたアメリカのジョージ・W・ブッシュ（子）でさえ、同時多発テロのときは支持率が九〇％になりました。しかしネタニヤフはハマスとの戦闘開始以降、それまでよりも支持率を落としています。

ということは、**戦闘が一段落すればネタニヤフは辞任せざるを得ません。逆に、「ハマスを殲滅（せんめつ）するまでは戦い続ける」として長引かせば、首相に留（とど）まることができます。** 自分の政

51

治的延命のために戦争をしているのではないか、と勘繰りたくなります。

■長期戦にできない理由と世論誘導

ネタニヤフ政権は、ハマスに殺害されたユダヤ人たちの悲惨な映像を次々に公開しています。その映像を見たイスラエルの国民は**「イスラエルが攻撃されたのではない。攻撃されたのは私たちユダヤ人だ」**と受け止めました。政府による一種の印象操作と言えるでしょう。

たしかに戦闘開始直後、一日で一二〇〇人のユダヤ人が死亡しました。これほどの犠牲者が出るのはホロコースト以来だ、ハマスは許せない、徹底的に戦って殲滅すべきだ、とイスラエル国民の意思はネタニヤフと一致します。ただし、勝手な司法改革を進めるネタニヤフを支持することはできない、早くこの戦いを終わらせてネタニヤフを辞任に追い込みたい、と考える国民も多く、イスラエルの世論は揺れています。

ハマスの攻撃から二日後（二〇二三年一〇月九日）、イスラエル軍は三〇万人の予備役を招集しました。この人数は過去最大です。イスラエルには徴兵制（男女共に一八歳から）がありますが、兵役終了後に登録され、有事に動員されるのが予備役です。つまり働き盛りの若い人が多くいます。

52

その人たちがハマスとの戦いに駆り出されましたから、イスラエル経済に大きな影響が出ました。たとえばイスラエルの強みであるIT産業から、中核を担っている人材がごっそり抜けて、戦場に行きます。彼らは働いて得た給料から税金を納めていましたから、それもなくなります。だから産業界も国家経済も窮しています。

これでは、ハマスとの戦いを長引かせるわけにはいきません。動員された予備役を早く戻さなければいけない。そこで、予備役の招集は五カ月が限度だろうと予測されました。**五カ月で戦いを収束させなければ、イスラエル経済が持ち堪えられない。**二〇二四年四月頃が戦闘終結の目途と見られています。

ところが、ひとつ問題があります。それは先にお話ししたネタニヤフの〝延命〟です。戦いが長期化すればするほど政権を維持できます。しかも、連立を組む政党は極右ですから、ハマスを根絶やしにするまで戦い続けることを支持するでしょう。

イスラエルの選挙制度は完全比例代表制です。ここに問題の根があります。日本の場合、衆議院は小選挙区と比例代表制（拘束名簿方式）、参議院は都道府県単位の選挙区制と全国単位の比例代表制（非拘束名簿方式）。つまり、どちらも選挙区と比例の並立制です。それに対してイスラエルは、選挙区選挙のない完全比例代表制です。

完全比例代表制では、政党が得た票数に比例して当選者の数が決まります。いわゆる死票（ひょう）（当選者の決定に結びつかなかった票）が生まれにくく、並立性よりも民意を反映した民主主義と言えます。その反面、ひどく極端な考え方を持つ少数派の候補でも議席を獲得できることになります。

実際、イスラエルの連立政権は、ネタニヤフが党首のリクードが三二議席で第一党ですが、それ以外に先述の宗教シオニズム（七議席）やユダヤの力（六議席）、シャス（一一議席）、統一トーラー（七議席）、ノアム（一議席）の五つの政党が参加しています（計六四議席）。これで議会（クネセト）の過半数を占めています。これら少数派政党は、いずれもパレスチナを『旧約聖書』の「約束の地」、すなわち神がユダヤ人に与えると約束した土地であるとする極右政党です。これらの党首たちが連立政権の閣僚ポストに就いています。

もちろんイスラエルには、パレスチナの人たちと共存すべきだと考えるリベラルな政党もあります。また意外と知られていませんが、アラブ人（アラビア語を話す人。ほぼイスラム教徒）の政党もあります。

イスラエルの建国（一九四八年）によって、その地に住んでいたアラブ人が故郷を追われ、多くの人たちがパレスチナ難民になりましたが、その地に留まり、イスラエルの国籍を取得

したアラブ人もいるのです。人口約九五〇万人のイスラエル国内には、約二〇〇万人のアラブ人が暮らしています。イスラエルに行くとわかりますが、道路標識がヘブライ語（ユダヤ人の言語）にアラビア語が併記されています。

二〇一八年七月一九日、イスラエルの議会で「ユダヤ人国家法」が採択されました。エルサレムを首都と定め、公用語はヘブライ語のみでアラビア語は除外するというものです。しかし現実の社会では、ヘブライ語とアラビア語の両方が使われているわけです。イエス・キリストが十字架を背負って処刑場ゴルゴタの丘まで歩いたとされる、エルサレム旧市街の「ヴィア・ドロローサ（悲しみの道）」でも、巡礼者や観光客向けの標識には上からヘブライ語、アラビア語、英語が表記されています。

ただ、イスラエルのアラブ人はイスラエル国籍であるとはいえ、二級市民のような扱われ方です。徴兵の義務もありません。軍で訓練を受けさせ戦争の仕方を教えると、裏切ってパレスチナに寝返るかもしれないとイスラエル側が恐れたからです。

■拡大するパレスチナ自治区のユダヤ人入植地

ネタニヤフは極右の少数派政党を連立政権に引き込むことで、議会の過半数を維持してい

ます。少数派が議会でのキャスティング・ボートを握っていますから、自分たちの意見を聞き入れなければ連立を解消する、そうすれば政権は崩壊する、などと恫喝めいた主張をして政権を揺さぶることも可能です。極右的な考えに与党が同調する。だから「イスラエル史上もっとも右寄り」の政権と言われるのです。

繰り返しますが、彼ら極右の考え方は、「パレスチナは神から与えられたユダヤ人の土地だ」とするものです。オスロ合意でヨルダン川西岸とガザがパレスチナ自治区になったとはいえ、それを認めません。

第三次中東戦争以後、そうした思想を共有するイスラエルの人たちがヨルダン川西岸地区に入り込み、住み着くようになりました。それがユダヤ人入植地です。イスラエル政府は入植地の造成を進め、ネタニヤフはそれを拡大する方針を発表しています。結果的に現在、入植地の数は二五〇以上になり、約七〇万人のユダヤ人が暮らしています。入植地には住宅や商店が建ち並び、なかには大学まであります。

イスラエル政府は「国民を守るため」として、入植地を有刺鉄線や壁で取り囲むようにしました。分離壁でイスラエルと隔てられたパレスチナ自治区に、さらに壁ができ、ヨルダン川西岸は虫食い状態のようになっています。

56

パレスチナの人たちからすれば、自分たちの自治を認めたオスロ合意に反する行為ですから不満が募ります。しかし、入植地にいる極右のユダヤ人は違います。「ここは神がわれわれに与えてくれた土地なのだから、おまえたちこそ出ていけ」と、近くにいるパレスチナの人を襲撃したり、自動車を叩き壊したりするのです。当然、パレスチナの人たちも投石など反撃しますが、すると今度はイスラエル軍が出てきて、彼らに発砲します。逮捕して刑務所に入れる場合もあります。

二〇二三年一一月二四日から、複数回にわたり、イスラエルとハマスとの間で人質交換が行われました。ハマス側はガザ地区で拘束したイスラエル人の子どもや女性を解放し、イスラエル側は刑務所に収監しているパレスチナ人を釈放したのですが、釈放されたパレスチナ人のなかには、投石で逮捕された人たちが数多くいました。

人質交換は、戦いを一時休止して行われました。エジプトとカタールの仲介で、この休戦が実現したのです。世界では、戦いから和平への期待が高まりましたが、休戦期間は一週間で終わり、一二月一日から戦闘が再開されました。また、**たとえ「休戦」ではなく「停戦」が実現しても、イスラエルとパレスチナ双方の憎悪が消えるわけではありません。むしろ、さらに蓄積していくでしょう。**残念なことです。

■国連は機能しているか

　停戦に関連して、国連（国際連合）の話をしましょう。二〇二三年十二月十二日、国連総会の緊急特別会合で、イスラエルとハマスの「人道的な即時停戦」を求める決議が採択されました。それでも、イスラエル軍はガザ地区で空爆やハマスの地下トンネルを破壊するなど、戦いは続いています。イスラエルは国連加盟国ですから、戦闘の継続は国連決議違反です。ただし、この決議に法的な拘束力はありません。

　イスラエルに対して国連が非難決議を出したり停戦を要請したりするのは、いまに始まったことではありません。古くは一九五六年一月、イスラエル軍がシリア領内に侵攻してシリア軍を攻撃したときも、非難決議が採択されています。以後、ヨルダンでの軍事行動への非難（一九六六年）、第三次中東戦争における停戦要請（一九六七年）、レバノン侵攻への非難（一九七〇年）など、わずか四年間にこれだけの決議がありました。

　第九章でもお話ししますが、国連の安全保障理事会（安保理）は五カ国の常任理事国と、二年の任期で選ばれる一〇カ国の非常任理事国で構成されています。常任理事国はアメリカ、イギリス、フランス、ロシア（当初はソビエト連邦）、中国（中華人民共和国。一九七一年までは中華民国）で、決議への拒否権（反対投票）を持ちます。一カ国でも拒否権を行使すれ

58

ば、他の一四カ国が賛成しても安保理の決議は否決されます。

今回のイスラエルとハマスの戦いでも、安保理ではアメリカが拒否権を行使した結果、停戦を求める決議案が否決となりました（二〇二三年一二月八日）。そのため急遽、総会の緊急特別会合が招集されたのです。とはいえ、先述したとおり法的拘束力はなく、世界へ向けたメッセージといったレベルになってしまいました。

東西冷戦時代、安保理の決議案採決では、東側・西側どちらかの常任理事国が必ずと言っていいほど拒否権を行使しました。その時代を知る私のような世代にとっては、**国連は機能しないというのが常識**になっていました。

しかし冷戦が終わると、状況に変化が現れ始めました。たとえば一九九〇年八月にイラクがクウェートに侵攻すると、ただちに安保理が開催され、イラクへの武力行使を容認する決議がなされています（一一月二九日。決議の文言は「必要な手段をすべて使うことを許可する」でした）。このとき、常任理事国による拒否権発動はありませんでした。崩壊過程にあったソ連は賛成、中国は棄権しています。そして翌一九九一年一月、アメリカを中心とする多国籍軍が編成され、湾岸戦争が始まりました。

以降、旧ユーゴスラビアやカンボジア、ソマリア、シエラレオネ、コンゴなど、世界各地

でさまざまな内戦・紛争が起きると、国連はその都度、平和維持活動（PKO）として紛争の解決にあたりました。たとえば、一九九一年に旧ユーゴスラビアで勃発した紛争では、その名も「国際連合保護軍」が安保理決議に基づいて組織され、現地の非武装化や治安回復活動を行っています。

いまの若い世代は、国連がこのように機能したことを見ていますから、国連に期待を寄せているのでしょう。そのぶん、イスラエルとハマスの戦いで、アメリカの拒否権行使によって停戦決議が否決されたことに落胆しているかもしれません。

■医療活動をする日本人

国連の組織は広範にわたっています。

前述の安全保障理事会は、総会、事務局、国際司法裁判所、経済社会理事会など六つある主要機関のひとつですが、これらのほかに一五の専門機関をはじめ、補助機関、関連機関、各委員会……と、組織図を一枚の用紙に収めるにも苦労するほどです。世界各地で働く国連職員は全部で約四万四〇〇〇人。そのうち日本人職員は九六一人（専門職以上。二〇二二年末時点）です。

国連の組織（機関）で馴染み深いのは、UNESCO（国連教育科学文化機関）やUNISEF（国連児童基金）でしょうか。緒方貞子さんが日本人として初めてトップを務めたUNHCR（国連難民高等弁務官事務所）も知られていますね。UNRWA（国連パレスチナ難民救済事業機関）は、パレスチナ難民に住居や食料、医療を提供する活動に従事しています。清田明宏さんにインタビューするためです。清田さんは高知医科大学（現・高知大学医学部）を卒業した医師で、結核予防会結核研究所を経てJICA（国際協力機構）に入り、WHO（世界保健機関）の職員となりました。そしてWHOからUNRWAに出向する形で二〇一〇年、UNRWAの保健局長、すなわち医療の総責任者に就任しました。三〇〇〇人以上のスタッフを統括しています。

清田さんが言うには、いまガザ地区に入ることはできないけれども、ガザでUNRWAが運営する診療所に毎日、電話をして情報収集したり、足りない医薬品があれば送ったりしているということでした。その意味で言えば、国連はいま、さまざまな場面で機能しています。このことはぜひ知っておいていただきたいと思います。

3 第三次世界大戦の可能性

■第三次世界大戦は起きるか

いまウクライナとパレスチナでは戦闘が行われています。この戦火が三度目の世界大戦を呼び起こすのか――そう案じる声も聞かれます。ここからは第三次世界大戦の可能性、そして日本の安全保障について考えます。

そもそも「世界大戦」とは、どのような状態を指すのでしょうか。実は、明確な定義はありません。辞書を開いても、「世界規模で行われる戦争」などとされています。つまり、多数の国が敵味方に分かれて戦うこと。英語なら「ワールド・ウォー（World war）」です。

日本は第一次世界大戦（一九一四～一九一八年）に参戦しています。この戦争は連合国（協商国。イギリス、フランス、ロシア、ルーマニア、アメリカなど）と同盟国（ドイツ、オーストリア＝ハンガリー、オスマン帝国、ブルガリアなど）の戦いです。当時、日本は日英同盟を結んでいましたから、イギリスの要請で戦争に加わったのです。一九一四年八月にドイツに宣戦布告、ドイツ軍が拠点としていた中華民国・山東半島の青島を攻撃しました。一九一七年六月には地中海のクレタ島付近で、救助作業中の日本の駆逐艦がドイツ軍のUボート（潜水艦）

62

に魚雷攻撃を受け、五九人が戦死しています。

第一次世界大戦に関わったのは、日本を除けばヨーロッパの国々です。諸国は参戦していません。それでも、当時の「世界」という概念がヨーロッパ中心でしたから、「世界大戦」と呼ばれるわけです。これが第二次世界大戦になると、アジアまで広がりました。文字どおりの世界大戦です。

こうした考え方に基づくなら、ロシア・ウクライナ戦争は世界大戦ではありません。ところが、もしウクライナ軍にNATO軍が加わり、ロシア対NATOという構図になれば、第三次世界大戦になり得ます。なぜならNATO軍は、欧州合同軍（EU）、大西洋連合軍（アメリカ）、海峡連合軍（イギリス）、カナダ・アメリカ計画グループ（カナダ）など各国の軍隊で構成されているからです。

しかしプーチンは、ロシア対NATOの戦争は避けたい。だから核兵器の使用をほのめかして脅している（おど）のです。NATO側も、対ロシア戦争にならない程度にブレーキをかけています。したがって、**いまのままであれば、ロシア・ウクライナ戦争が第三次世界大戦に拡大することはないでしょう。**

■アメリカの二隻の空母が意味すること

では、イスラエルとハマスの戦いはどうでしょう。イスラエル軍の攻撃でパレスチナの人たちが犠牲になっているわけですから、アラブ諸国が同胞としてパレスチナを支援し、ハマスに加勢するのは当然でしょう。しかし、アラブ諸国は軍を派遣するような直接行動は取らず、イスラエルへの非難声明を出すに留まっています。

イランの最高指導者アリー・ハメネイ師は、二〇二三年一一月五日、X（旧・ツイッター）に「侵略者であるシオニスト（イスラエルのこと）に対するパレスチナの抵抗を支持することが、イランの永続的な政策だ」と投稿しました。ハマスの指導者イスマイル・ハニヤとテヘランで面会後のことです。かといって、イラン軍や革命防衛隊（正規軍とは別系統でハメネイ師直属の武装組織）がパレスチナに出動することはありません。

もしイランがイスラエルと全面戦争になれば、イスラエルは核ミサイルをイランの首都テヘランに向けて発射するかもしれません。しかも、アメリカは間違いなくイスラエルを支援します。

イスラエルがハマスを攻撃すると、アメリカは地中海に二隻の空母（航空母艦）を展開しました（いまは引き揚げています）。この表現だと空母二隻だけと思われるかもしれません

が、実状は違います。空母を含む戦艦が二〇隻です。これはアメリカの空母が「空母打撃群」というチームを組んでいることによります。空母は戦闘機や爆撃機を載せていますから攻撃能力に優れていますが、防御能力は脆弱です。

そのため、周囲にミサイル巡洋艦、駆逐艦、潜水艦、補給艦などを配し、大体一〇隻でひとつのチームを組んでいます。ということは、空母二隻＝二チーム・戦艦二〇隻の計算になります。　驚異的な攻撃能力です。

空母から戦闘機や爆撃機が発射し、ミサイル巡洋艦が一斉に数百発のミサイルを発射すれば、核兵器を使わなくてもテヘランは壊滅します。アメリカは、その力をイランに見せつけたのです。だからイランは、イスラエルに対して非難の声を上げるけれども、自ら手を出そうとしません。地中海を遊弋する二隻の空母、この現実が戦争の抑止力になったのです。

大西洋を航行中の空母ジョージ・ワシントンを中心とする空母打撃群

その代わりイランは、支援する武装組織を動かして〝ちょっかい〟を出しています。武装組織とは、レバノンのヒズボラやイエメンのフーシ派のことです。たとえば二〇二三年一二月一二日、フーシ派が紅海でノルウェー船籍のタンカーをロケット砲で攻撃しました。この船はイスラエルの港に向かっており、それを妨害するのが目的でした。

こうした攻撃が続いたため、アメリカ軍とイギリス軍がイエメン領内にあるフーシ派の拠点に報復攻撃を行いました（二〇二四年一月一二日）。アメリカの国防総省は「フーシ派の攻撃能力を低下させた」と発表しています。攻撃の応酬で中東の緊張感が高まりましたが、このフーシ派の報復攻撃はアメリカとイギリスがイスラエルを支援するというより、国際航路の安全を確保する性格のほうが高いと言えます。

フーシ派の兵力は約二万人で、イスラエルが射程圏内に入るミサイルを擁しています。そして、アメリカとイスラエルが「敵」であることと、ハマスとの連帯を公言しています。その後ろ盾がイランです。だからといって、イランがイスラエルとの全面戦争に踏み切ることはないでしょう。イスラエルの核兵器とアメリカの空母二隻の存在が歯止めになっているからです。フーシ派による攻撃はイスラエル側の力を分散させ、ハマスを後方支援するための、あくまでも〝ちょっかい〟なのです。

66

つまり、イスラエルとハマスの戦いもロシア・ウクライナ戦争と同様に、第三次世界大戦につながることはないでしょう。ただし、どちらも第三次世界大戦への「危機的な状況」を招いたことは間違いありません。

ウクライナとパレスチナで多くの血が流れ、それは今も続いています（二〇二四年二月末）。そして悲惨な映像を見て、**人々の間に危機意識と恐怖が生まれました。その恐怖が、「次の戦争」に対する抑止力になっています。**二度の世界大戦を経験した人類が、その歴史から少しは学んだと言えるかもしれません。

■ なぜアメリカは「世界の警察官」から降りたのか

アメリカは第二次世界大戦終結後、「世界の警察官」を自任し、超大国として君臨してきました。ところが二〇一三年九月一〇日、バラク・オバマ大統領はこれを覆します。シリアの内戦に関連して、次のように発言したのです。

「米国は世界の警察官ではありません。恐ろしいことは世界中で起きており、われわれはすべての悪を正すことはできません」

この背景には何があるのでしょうか。

まず戦争による国力の低下です。二〇〇一年一〇月、アメリカは「テロとの戦い」を宣言してアフガニスタンに侵攻しました。その二年後の二〇〇三年三月にはイラクを攻撃します。どちらの戦争も、大統領はブッシュ（子）でした。イラク戦争は二〇一一年一二月に終わりましたが、アフガニスタン戦争は二〇年も続き、アメリカ軍が撤退したのは二〇二一年八月。バイデン政権発足の年です（第三章で詳しくお話しします）。二〇年にもわたる戦争は、アメリカ史上最長です。

アフガニスタンとイラク、この二つの戦争で七〇〇〇人以上の兵士が死亡しました。戦争にかかったコストは八兆ドル（二〇二一年時点で約八八〇億円。退役軍人の療養費なども含む。ブラウン大学の研究チームによる）とされています。これは、アメリカのGDPの三分の一にあたります。国力の消耗ぶりを突きつける数字です。

私は二〇二〇年の大統領選挙を取材するため、アメリカ各地を回りました。バイデンとトランプが争い、後に「不正選挙だ！」とトランプ支持者たちが議事堂を襲撃した、あの選挙です。ある地方都市に行ったとき、テレビのローカルニュースに突然、軍服姿の若者の写真が出てきました。そして「地元出身の〇〇さんがアフガニスタンで戦死しました」というアナウンスが流れたのです。それを見て、私は「アメリカはいまも戦争をしているのだ」と気

づかされました。

アメリカの兵役は緊急時を除いて志願制です。志願兵として軍に入隊すると、給料のほか
に進学の際の奨学金が給付されるなど、経済的援助を受けることができます。そのため、経
済が疲弊している貧しい州の若者が兵役に就くことが少なくありません。そんな若者が、私
がローカルニュースで見たように、遠い戦地で死んでいく。なぜ、あんな遠いところで死な
なければいけないのか。国民の間に、厭戦気分が広がりました。

国力の消耗と厭戦気分の広がり。アメリカが「世界の警察官」から降りたのは必然なのか
もしれません。

■二〇二七年に訪れる危機

アメリカの国力低下に関連して、ひとつの焦点となるのが、二〇二四年一月一三日に総統
選挙が行われた台湾です（総統選については後述します）。

アメリカには一九七九年に制定した「台湾関係法」という法律があります。もし台湾が他
国から攻撃を受けた場合、アメリカ議会は合衆国憲法に則り適切な対応を取る、というも
のです。しかし、この法律にはアメリカによる台湾の防衛義務が定められていません。アメ

リカの方針が明確に示されていないことから、「曖昧戦略」と呼ばれます。

そのようななか、二〇二二年八月に民主党のナンシー・ペロシ下院議長が、翌二〇二三年四月には共和党のケビン・マッカーシー下院議長が、当時の台湾総統・蔡英文と会談して、「必ず台湾を防衛します」と約束しました。歴代の議長が約束をしたことは意味があります。

というのも台湾有事、すなわち中国が台湾統一のために武力を行使した場合、**アメリカが軍事介入するか否か決めるのは議会だからです。さらに言えば、宣戦布告権限は議会にあり、大統領にはありません。** もちろん、アメリカ軍の最高司令官は大統領ですが、大統領は議会に〝お願い〟をする立場です。

たとえば日本軍が真珠湾を攻撃した翌日（一九四一年十二月八日。米時間）、フランクリン・ルーズベルト大統領は「ハワイ諸島が日本軍の攻撃を受けた」と議会で演説をしました。これは最高司令官として、議会に日本への宣戦布告を求めたのです。つまり、議会が決めなければ、大統領といえども軍を動かせないのです。ちなみに、下院議長の大統領継承順位は、副大統領兼上院議長に次ぐ第二位にあります。

二〇二三年十二月二二日、アメリカで「国防権限法」が成立しました。これは二〇二四年度の国防予算や国防政策方針の大枠を定めるもので、そのなかに台湾への軍事支援を強化す

70

る内容が盛り込まれました。台湾側は外交部（日本の外務省に相当）が感謝の意を示しましたが、アメリカが台湾防衛を確約すると明示したわけではありません。台湾としては、いざというとき本当にアメリカが守ってくれるのか、一抹の不安を抱かざるを得ないでしょう。

では、台湾有事を中国側から見てみます。

二〇二三年二月三日、アメリカのウィリアム・バーンズCIA長官が前日に発したコメントに注目が集まりました。それが、「習近平国家主席が、二〇二七年までに台湾侵攻を成功させるための準備を整えるよう軍に指示した。そのインテリジェンス（機密情報）を把握している」です（傍点は引用者）。情報機関のトップが、これほど具体的に中国・台湾問題に触れるのは珍しいことです。

ここから読み取れるのは——いまの中国の軍事力で台湾を攻撃しても、台湾全土を一瞬のうちに占領できないことは習近平もわかっている。だから、ただちに「台湾有事」が起きるわけではない——ということです。

しかし「ただちに」起きないのであって、**やがて危機は訪れます。具体的には「二〇二七年」がひとつの鍵だと思います。**二〇二七年は、習近平が国家主席として三期目の最後の年です。それまでに、中国が台湾に侵攻して占領できるような軍事力を持つかもしれません。

いますぐではないにせよ、長期的には危機的な状況が出来（しゅったい）する可能性があるということを知っておいたほうがよいでしょう。

■尖閣諸島の報道がバロメーターになる

二〇二四年一月一三日、前述のように台湾では総統選挙の投開票が行われ、与党の民主進歩党（民進党）の頼清徳（らいせいとく）副総裁が勝利しました。中国と距離を置く民進党が三期連続で政権を維持したわけですが、この結果に、中国は「民進党は島内（台湾のこと）の主流の民意を代表できない」「祖国は必ず統一される。今回の選挙はその流れを妨（さまた）げられない」などと反発しました（国務院報道官のコメント）。

ここに至るまで、中国は台湾に対してさまざまな情報攪乱（かくらん）や挑発行動をしてきました。たとえば選挙期間中、頼清徳が中国に融和的な野党・国民党の主張を肯定するようなフェイク動画がSNSで拡散されました。本物のインタビュー映像に、AIで生成した音声を重ねた動画です。中国としては民進党から国民党への政権交代をさせたい。そのためにフェイクニュースなどで台湾の世論を誘導しようとしたのです。「認知戦」と呼ばれる中国の「戦わずして勝つ」戦略のひとつです。孫子（そんし）の兵法（へいほう）ですね。

72

さらに中国は、台湾周辺で頻繁に戦闘機や爆撃機を発進して軍事的な挑発をしています。すると、台湾の人たちは「今日も中国の戦闘機が飛んできた。台湾軍機がスクランブル発進している」と緊張したり、うんざりしたりします。そして、民進党政権だから中国が台湾を敵対視する。国民党ならこんなことにはならない――そんな気持ちになる可能性があります。

中国と台湾と日本、三者の関係で言えば、焦点のひとつは尖閣諸島です。その領有権をめぐり、これまで三者それぞれが、古地図や文献などを持ち出して「自分のものだ」と主張してきました。日本政府は二〇一二年九月、地権者から買い上げる形で

中国の活動家が乗る船の行く手を阻む、海上保安庁の巡視船。2003年10月、尖閣諸島沖

尖閣諸島の国有化を発表しました。日本に留学経験もある台湾の故李登輝元総統は「尖閣は日本のものだ」と、事あるごとに発言していました。ちなみに日本は「尖閣諸島」と呼びますが、中国は「釣魚群島（釣魚台）」、台湾では「釣魚臺列嶼」です。

世界地図を南北を逆にして中国側から見ると（中国大陸が右側になる）、東シナ海に、日本列島から南西諸島が並んでいます。南西諸島の端、もっとも台湾寄りにあるのが八重山列島（石垣島、竹富島、西表島など）と尖閣諸島で、尖閣諸島はもっとも中国大陸寄りです。

中国海軍が太平洋に出ていくとき、この尖閣諸島が位置的にどうしても邪魔になります。尖閣諸島を自分のものにして基地をつくれば、どんどん出ていくことができます。しかも尖閣諸島沖に原油や天然ガスなどの海底資源が豊富にあることが、一九六九年に国連アジア極東経済委員会の調査でわかっています。中国としては当然、それが欲しい。

実は、中国は台湾の尖閣領有を認めていました。国連の調査が発表になったとたん、台湾が領有を主張したのですが、その後、中国が「釣魚群島は中国領だ」と主張し始めました。一九七一年一二月三〇日のことです。中国にしてみれば、「尖閣諸島は台湾のもの→台湾は中国のもの→だから尖閣諸島は中国のもの」という、いわば三段論法です。

いま、毎日のように中国船が日本の領海に入ってきています。そのたびに日本の海上保安

庁が出動して、振り回されています。中国はこれを続け、日本側が疲れ果てること、気に留(と)めなくなることを待っているのです。

実際、中国船の領海侵入は当初、大きく報道されていましたが、最近は小さくなり、時には報道すらされません。日常茶飯事(にちじょうさはんじ)になって〝慣れて〟しまったからです。こうして、**やがて尖閣諸島の領有問題ですらニュースにならなくなり、五〇年後か一〇〇年後に中国領になればいい。**中国はそう考えています。われわれ日本人とは、それほど時間の感覚が違うのです。

■日本は、世界に何ができるか

中国・台湾との関係を含め、日本は世界とどう向き合えばいいのでしょうか。日本独自にできることとは何でしょう。

私は、まず支援活動だと思います。ODA（政府開発援助）やJICA（国際協力機構）など、そのための仕組みは整っています。たとえばパレスチナの人たちは、とても親日的です。それは日本がパレスチナに相当な支援活動をしてきたからです。具体的には、難民キャンプの生活環境改善、食糧援助、医療、教育。財政的な援助やインフラ整備などです。

パレスチナの人たちもそのことをよく知っています。パレスチナに行くと、あちこちで日の丸を目にします。「この施設は日本の援助で建てられました」と、表示板にアラビア語と共に日の丸が描かれているのです。ガザ地区での東日本大震災の被災者を応援する行事では、子どもたちによる凧揚げが恒例になっています。彼らが着るTシャツには、漢字で「絆」の文字が躍っています。

日本は、パレスチナと敵対するイスラエルとの外交関係も良好です。亡き安倍晋三元首相は二〇一五年一月にイスラエルを訪問していますし、ネタニヤフも第一七代首相当時の二〇一四年五月に来日しています。第七章で詳しくお話ししますが、日本は欧米諸国と違って、中東で悪いことをしていません。だから、パレスチナもイスラエルも親日なのです。その意味で、**日本は世界のなかで非常にいい位置にいる**と思います。

日本の若い人たちが「日本はお金がないのに、なぜ世界に経済援助をするのですか」と批判的に言うことがあります。しかし、日本の開発途上国へのODAは必ず有償援助（有償資金協力）です。無償援助は「ただで差し上げます」ですが、有償援助は金利がつき、元本の返済を求めます。ちなみに、欧米諸国は無償援助を多く行っています。そのため日本は、ヨーロッパのNGO（非政府組織）から批判されることもあります。

76

日本は戦後、世界銀行（WB。開発途上国を金融支援する国際機関で二〇一三年現在、一八九カ国が加盟）の融資で、インフラを整備しました。東名高速道路、名神高速道路、東海道新幹線、黒部第四ダムなどです。そして「借りたお金は返さなければいけない」と、懸命に働いて返済しました。

日本はこの経験から、ただでお金をあげるとモラルハザードが起きて無駄遣いされる恐れがあることを知りました。だから有償援助で「必ず返済してくださいね」と融資します。それが結局はその国のためになる、と考えるからです。事実、東南アジア諸国はいま、経済成長を背景に日本が有償援助で融資したお金を返してくれています。そして、たくさんの人たちが日本に旅行に来てくれます。

もちろん、ODAの原資は無限ではありません。かぎられた資金をどう有効に使うか、それによってどれだけの国を日本の味方につけていくのか。慎重に考えることが大切です。

以前、海洋資源を管理する国際機関が、北アフリカ近海でのクロマグロの漁獲を禁止する方針を打ち出したことがあります。その海域でクロマグロを獲っていた日本と中国は、反対しました。このとき、アフリカ諸国が日本と中国の味方をしてくれたのです。日本も中国もアフリカ諸国に援助をしていたからです。

ただし、中国の外国に対する援助（対外援助）には、日本のODAのような考え方はありません。融資、貿易、投資、援助の境目が曖昧で、しかもきわめて高金利です（日本のODAは低金利）。そして、融資した国が返済に行き詰まると、不動産やインフラの使用権を"借金のカタ"に譲渡させます。いわゆる「債務の罠」です。

開発途上国を支援する金融機関としては、アジア開発銀行（ADB）が知られています。ADBは日本とアメリカが主導する組織で、前日本銀行総裁の黒田東彦さんが二〇〇五年から二〇一三年まで総裁を務めていました。ADBは融資の際、相手に返済能力があるかを厳しく審査します。その代わり、審査に通れば低い金利で融資を受けることができます。借りる側の開発途上国にとっては、厳しい審査は嫌なものです。

その点、中国は「いくらでも貸してあげますよ」という姿勢で条件が甘いため、ついつい借りてしまいます。ところが金利は高く、返済できそうもないのに借りた結果、"借金のカタ"を取り上げられ、挙句の果てに破綻する。このような事態が、アジア・アフリカ諸国で起きています。彼らはようやく「援助」の現実を学びつつあり、**最近は「中国からお金を借りるわけにはいかない」という共通認識ができています。**日本の出番ですね。

78

■日本の外交① 日米同盟を基軸にしつつも……

日本の外交は、やはりアメリカとの同盟関係を基軸にすることが大原則です。しかし、すべてアメリカと同一歩調を取る必要はないと思います。

たとえば地球温暖化問題で、アメリカはトランプ政権時代に、国際的な枠組み「パリ協定」から離脱しました（二〇二〇年一一月）。バイデン政権になってから復帰しましたが、もしトランプが再選されれば、再び離脱することが予想されます。そのとき、日本が「温暖化対策は必要です」と進言する。これが大事です。

パレスチナの紛争で言えば、アメリカは完全にイスラエル寄りですが、日本はイスラエルとの関係を大事にしながらも、パレスチナも支援しています。独自の外交でいいでしょう。日本ならでは幸いにも、日本はパレスチナともイスラエルとも良好な関係を築いています。日本ならではの外交を展開できるはずです。

アメリカはUNRWAへの支援をトランプ政権時代にやめています。なぜパレスチナを守る必要があるのか、アメリカの支援金の一部がハマスに渡っているに違いないと、支援をいっさい停止したのです。UNRWAの支援資金は三割をアメリカが負担していましたから、それがなくなり、UNRWAは機能停止になりかけました。すると日本とEUがアメリカの

抜けた分を埋め、UNRWAへの支援を復活させています）。ただし、ハマスがイスラエルを攻撃した際、UNRWAの職員がハマスの手助けをした疑いが出て、二〇二四年一月に世界各国は一時、UNRWAへの支援を停止しました。

また、アメリカは一九八〇年四月にイランと国交断絶して以来、敵対しています。しかし日本は、イランと良好な関係を保っています。仮の話ですが、岸田文雄首相がイランに飛び、ハメネイ師に「核開発を止めるべきだ」と言うだけでも、抑止力になり得ると思います。

上川陽子外務大臣は、こうした外交をしています。外相に就任直後、パレスチナ自治政府のマフムード・アッバス議長とエジプトで面会し、パレスチナ支援を表明しました（二〇二三年一〇月二二日）。その後イスラエルに渡ると、エリ・コーヘン外相と会談しています（同年一一月三日）。

この実績からか、いま新聞・テレビの政治部記者をはじめ、メディアの間では、上川外相の評価が急上昇、ポスト岸田に上川陽子の名前が浮上してきました。気の早い記者は、日本初の女性総理大臣と予想するほどです。

いずれにせよ、日本は**日米同盟が基本ではあるけれど、すべてをアメリカの言うとおりに**

80

するのではなく、独自性をどこまで発揮させるかが課題となります。

■日本の外交② 日本がアメリカ以外に仲良くすべき三つの国

それでは、アメリカ以外に日本が〝仲良くしたほうがいい国〞はどこでしょう。もちろん、できるだけたくさんの国と仲良くすべきことが大前提ですが、あえて挙げるとすれば、

韓国、オーストラリア、イギリスです。順にお話しします。

まず韓国です。日本と韓国は歴史的に古い結びつきがあります。しかし近現代、日本が韓国（当時は大韓帝国）を植民地とした韓国併合（一九一〇〜一九四五年）以来、元徴用工や従軍慰安婦、さらに竹島の領有をめぐる問題で、たびたび諍いが起こりました。二〇二三年一二月二一日には、韓国の大法院（最高裁判所）で日本企業に元徴用工への賠償を命じる判決が確定しましたが、日本政府は日韓請求権協定（一九六五年締結）で解決済みとして抗議しています（戦時賠償金については第二章で説明します）。

それでも、いまの尹錫悦大統領（二〇二二年五月一〇日就任）は、「日本は何度も歴史問題について反省と謝罪を表明している」「韓国社会には、反日を叫びながら政治的利益を得ようとする勢力が存在する」と述べるなど、前の文在寅政権と比べてきわめて親日的です。

81

親日は、政治の世界だけではありません。特に若い世代で、文化交流が盛り上がっています。二〇〇三年に放送された韓国ドラマ「冬のソナタ」は、日本で「韓流ブーム」を巻き起こしました。それから二〇年、二〇二三年のNHK紅白歌合戦では、日本のYOASOBIが歌唱・演奏する「アイドル」において、K-POPのアイドル（NewJeans、Stray Kids、SEVENTEENほか）がコラボレーションして、話題をさらいました。**日韓共に、若い人たちは〝不幸な歴史〟にとらわれていない**のでしょう。

韓国との良好な関係を維持・発展させることは、東アジアの安定にとっても大事なことですし、隣国と仲良くすることは、すなわち善隣友好は外交の基本でもあります。

続いてオーストラリアです。日本はオーストラリアと「日豪EPA（経済連携協定）」を結んでいます。日本にとってオーストラリアは世界第四位の貿易相手国ですし（オーストラリアから見れば、日本は世界第二位）、外交上でも非常に親日的です。

私は二〇二三年二月末から三月にかけて、オーストラリアを訪れました。環境意識の高い現地の人たちを取材するのが目的でした。そこでわかったのは、オーストラリアが中国に対して危機意識を持っていることです。

オーストラリアの近海には、民主主義を重んじるニュージーランドしかありません。だか

ら地政学的にも平和なのですが、近年、その周辺海域に中国が進出しているのです。中国が軍事基地をつくるのではないかとの観測も浮上しています。二〇二三年一一月には、日本のEEZ（排他的経済水域）で作業していたオーストラリア海軍のダイバーに中国軍が音波を当て、負傷させるという事件も起きました。

また、新型コロナウイルスが中国の武漢で発見されたとき、台湾有事を彷彿させるような出来事です。モリソン首相は「ウイルスがどこで発生したか厳重に調べなければいけない」と発言したのですが、そのとたん、中国はオーストラリアからの石炭の輸入をストップしました。このことで、オーストラリアは「中国はほんの少し刺激するだけで貿易に大きな影響を与える危険な国だ」ということを認識したのです。

二〇一七年には、中国寄りの発言を繰り返していたオーストラリアの野党・労働党のサム・ダスチャリ上院議員に、中国が莫大な資金援助をしていたことも判明しています。

日本には尖閣諸島問題をはじめ、中国との関係で蓄積された外交ノウハウがありますから、親日国・オーストラリアを支えることができるのではないでしょうか。**北半球にある日本が、南半球の「雄」とも言えるオーストラリアと仲良くすることは地政学的にも有効**だと思います。

最後のイギリスは大英帝国時代から外交巧者で、あらゆるインテリジェンスを豊富に持っています。日露戦争で日本がロシアのバルチック艦隊を破ったのは日英同盟下、イギリスからの情報が元になっていました。なお、日露戦争は日本が勝利したことになっていますが、日本は八万四〇〇〇人の戦死者を出し、およそ二〇億円（いまの約三兆円）の戦費の多くを外債（外国からの借金）で賄いました。国家予算の五年分です。これでは国家も国民も疲弊します。そのような状態にあった日本が、アメリカのセオドア・ルーズベルト大統領による仲介案に乗り、ロシアと平和条約（ポーツマス条約）を結んだのです。

イギリスは、EUを離脱（二〇二〇年二月一日）したことで、経済的な苦境に陥りました。そのため、二〇二一年にTPP（環太平洋経済連携協定）への加盟を申請します。TPPの加盟国間では関税がなくなり、貿易・経済が活性化するからです。

イギリスの加盟申請に対して、日本は継続して後押ししてきました。そして二〇二三年七月一六日に開かれたTPP閣僚会合で、ついにイギリスの正式加盟が承認されます。この会合には、日本から後藤茂之経済財政再生担当大臣が出席していました。日本がイギリスに恩を売った形になったと思います。

ロシア・ウクライナ戦争でも、イギリスは陰に陽にインテリジェンス機能を発揮していま

84

す。このイギリスと関係を深めることは、日本にとってきわめて有益です。まさに**現代版・日英同盟**です。

■戦争の終わり方

本章の終わりに、よく質問されることについてお話ししましょう。それは、戦争はどのようなときに止まり、終わるのか、です。

朝鮮戦争は、同じ民族同士が三年間にわたる戦いを続け、一九五三年に休戦協定が結ばれました。当事国である北朝鮮、韓国共に力尽き、戦いが止まりました。ただし完全な「終戦」ではありません。七〇年以上も停戦状態で、いまも南北の睨み合いが続いています。休戦協定から終戦宣言を経て、平和条約が結ばれなければ終戦とは言えません。

ロシア・ウクライナ戦争はまだ、どちらも「勝てる」と思って戦いを続けています。いずれどこかの段階で力尽き、二進も三進も行かないような状況になったときに停戦になるのでしょう。

長期化は避けられません。

イスラエルとハマスの戦いでは、仮にイスラエル軍がハマスを殲滅しても、パレスチナのイスラエルへの憎悪が消えるわけではありませんし、ハマスに代わる過激派が出現するでし

よう。

事実、ヨルダン川西岸に、新たなイスラム原理主義の過激派が生まれつつあります。

第一次と第二次、二度の世界大戦は一方の陣営が大勝し、一方の陣営は大敗しました。そのような戦争の終わり方もあります。しかし歴史を振り返れば、朝鮮戦争のようにどちらの国もへとへとになり、「もうこれ以上どうしようもない」状態になって、戦争の停止・終わりを告げることが少なくありません。日本も日露戦争において、国家も国民も疲弊していたことは前述のとおりです。

当事国が消耗し切らなければ戦争は終わらない。 悲しいかな、これが現実です。

86

第一章

なぜ世界から戦争はなくならないのか

■「主語」のない曖昧な反省

広島平和記念公園にある原爆死没者慰霊碑には、よく知られた碑文が刻まれています。

「安らかに眠って下さい　過ちは繰返しませぬから」——。

この言葉は、「主語」がないことで有名になりました。

もちろん日本語の場合、英語と違って主語のない文はよくあるので、それだけで話題になるようなことはありません。しかしこの碑文は、「主語は誰なのか」が長く論争になってきました。

言うまでもありませんが、七九年前の一九四五年八月六日、広島に人類史上最初の原子爆弾投下を行ったのは、日本と戦争をしていたアメリカの爆撃機「エノラ・ゲイ」です。それによって死没した人々を慰霊するのが、この碑文にほかなりません。

ところがそこには主語がないので、繰り返してはいけないのが誰の「過ち」なのが、はっきりしないのです。日本人が作った慰霊碑ですから、「原爆による犠牲者が出たのは私たち日本人のせいだ」と言っているようにも読めます。アメリカのせいだと思っているなら、「繰返させませぬから」となるはずです。

原爆投下による民間人の虐殺は、国際法に反する戦争犯罪です。それ自体は、日本人が頭

88

を下げる義理などありません。ですから、この主語のない碑文を「けしからん」と考える人もいます。原爆の犠牲者に謝罪すべきはアメリカだ、というわけです。

その一方、日本が戦争を始めたこと自体が「過ち」だったと考える人もいるでしょう。その「過ち」のせいで、最終的には原爆を落とされて多数の犠牲者を出してしまった。それを繰り返さぬよう、日本人が反省するのは当然だというわけです。

どちらの言い分にも、一理あると思います。どちらであれ、「過ち」を繰り返してはいけないことは間違いありません。七九年前に終わった戦争は、あまりにも多くの人命を奪い、社会を激しく破壊しました。あの悲惨

「過ちを繰り返さない」のは誰なのだろう（広島平和記念公園の原爆死没者慰霊碑）

89

な出来事を繰り返したいと思う人は、誰もいないでしょう。

でも、そのためには、単に「繰り返しません」と宣言するだけではなりません。親や先生に叱られた子どもや、刑務所を出所するときの元犯罪者などでも、しばしば「もうしません」と言いますが、また同じ悪さを繰り返すことが少なくありません。

そこで必要なのは、しっかりと過去から学び、反省をして、現在と未来に活かせる教訓を引き出すことです。なぜ、戦争を起こしてしまったのか。どうして、それを食い止めることができなかったのか。それを考えずに、口先だけで「過ちを繰り返すな」「戦争はもうしない」などと叫ぶだけでは、あまり意味がありません。

では、私たち人類は、七九年前のあの戦争――第二次世界大戦――をきちんと総括し、その教訓を活かしてきたのでしょうか。

残念ながら、ここで自信を持って大きく「イエス」と頷くことはできません。

もちろん、戦争を起こさないための努力は進みましたし、「第三次世界大戦」と呼ばれるような大戦争が起きていないのはたしかです。しかし、この七九年の間に、世界はいくつもの「過ち」を繰り返してきました。いまこの瞬間にも、世界で紛争は起きています。

日本の場合、戦後七九年間を通じて、外国と戦火を交えることはありませんでした。基本

90

的には平和な時代を過ごしてきたと言えるでしょう。でも、先の戦争についてしっかり総括ができたかと言えば、決してそんなことはありません。

原爆死没者慰霊碑に刻まれた「主語」のない曖昧な碑文は、その象徴のようにも感じられます。日本人は、過去に誰がどんな「過ち」を犯したかという責任の所在をはっきりさせず、戦争とまともに向き合うことを避けながら、この七九年間を過ごしてきたように思えてなりません。そうだとすれば、ふと気づいたときには、また同じ過ちを繰り返しているおそれがあるのではないでしょうか。

■戦争に懲りた結果、戦争を起こしたソ連

そもそも、戦争から教訓を得たからといって、それが必ずしも「不戦」につながるわけではありません。日本は平和憲法を作って一定の歯止めをかけましたが、戦争を経験した国が「もう絶対あんな目には遭いたくない」と考えて対策を講じた結果、自ら紛争のタネを作ることもあります。

たとえば、かつてのソ連がそうでした。ソ連は、第二次世界大戦中にもっとも多くの犠牲者を出した国です。その死者数は、なんと二七〇〇万人。日本のおよそ九倍もの人命が失わ

れたのですから、ひどいトラウマになりました。

そこで、過ちを繰り返さないために、ソ連が何をしたか。彼らは、**二度と周辺国からの侵略を受けないようにするには、国境の外に緩衝地帯を作らなければいけない**と考えました。国境を接したところに、自分たちに対抗する国があると、いつ攻め込まれるかわからないからです。

そのためソ連は、西欧と自国の間にある東欧諸国を社会主義化しました。自分と同じ体制にしたのです。そして、この「共産圏」あるいは「東側」と呼ばれるグループの親玉になり、ソ連の言うことを聞く国ばかりの緩衝地帯を作ったのです。こうすれば、西ドイツをはじめとする西欧諸国が簡単に攻め込んでくることはない。それが、過去の教訓から導き出したソ連の戦争防止策でした。

しかしこれによって、アメリカとソ連をそれぞれのリーダーとする東西冷戦が始まります。その名のとおり、戦火を交えることのない「冷たい戦争」でしたが、その対立が激化するにしたがって世界は緊張度を増していきました。詳しくはまた第四章で述べますが、米ソの緊張状態が核戦争寸前まで高まったこともあります。

また、こうしたソ連のやり方は、本物の戦火も引き起こしました。発火点は、ソ連の南側

にあるアフガニスタンという国です。

もともとアフガニスタンは、自然環境が厳しく、特に大きな産業もない、眠ったような国でした。しかしイスラム教徒の国ということもあって、ソ連の支配下には入ろうとしません。そのうちにクーデターが起きて、イスラム勢力が台頭。ソ連にしてみれば、隣に自分の言うことを聞かない国があるのは恐ろしい。そこでソ連は、一九七九年に軍事介入をします。

このアフガニスタン紛争は、一九八九年まで続きました。先の大戦から得た教訓を〝活かした〟結果、ソ連はアフガニスタンで一〇年にもおよぶ戦争をしたわ

ソ連は東欧諸国を資本主義との境界として共産圏に組み込んだが、アフガニスタンでは失敗に終わる（ヨーロッパ地図上の白色は中立国）

けです。

それだけではありません。**ソ連のアフガニスタン侵攻は、めぐりめぐって、その後アメリカが起こしたイラク戦争やＩＳ（いわゆるイスラム国）の台頭など、中東における混乱や危機を生み出す遠因にもなりました。**「もう戦争は懲り懲りだ」と反省したはずなのに、その教訓は平和を生んでいないのです。

■ 戦争の「成功体験」が過ちを生む

一方、戦争の成功体験から得た教訓が、次の失敗を引き起こすこともあります。たとえば一般企業でも、大ヒット商品の成功体験に味をしめて、二番煎じの商品を出して失敗することは少なくありません。うまくいくと次も同じ手が通用すると思い込んでしまうのは、人間の悲しいところです。

第二次世界大戦で勝利を収めたアメリカは、「もう世界に怖いものはない」というぐらいに自信を深めました。強烈な成功体験を得たわけです。

しかし、その後の戦争はあまりうまくいきませんでした。大戦の終結から五年後の一九五〇年には朝鮮戦争に参戦しましたが、これはどちらが勝ったとも言えないまま、現在も休戦

94

アメリカは戦争から何も学ばなかった

<table>
<tr><td rowspan="5">東西冷戦</td><td>

朝鮮戦争(1950〜53)

朝鮮民主主義人民共和国(北朝鮮)と大韓民国(韓国)との間で勃発した戦争にアメリカを中心とした戦闘部隊が介入。休戦はしたものの今もなお平和条約は結ばれていない

</td><td></td></tr>
<tr><td>

ベトナム戦争(1964〜75)

南北に分裂したベトナムの統一をめぐって起こった戦争。東南アジアの共産化を恐れたアメリカが参戦。悲惨な戦争報道に多くの反戦運動が起こり撤退。アメリカに深い傷を残す

</td><td></td></tr>
<tr><td>

湾岸戦争(1991)

イラクのクウェート侵攻に対し、アメリカは「国連の決議に基づいた軍事的制裁」として多国籍軍を派遣。イラクの敗戦で終結した

</td><td></td></tr>
<tr><td>

アフガニスタン戦争(2001〜)

アメリカ同時多発テロ事件を起こしたアルカイダをめぐりタリバン政権を攻撃。首謀者のビンラディンは暗殺したもののタリバンはまだ勢力を拡大。対テロ攻撃がまた新たなさらにテロを生むことに

</td><td></td></tr>
<tr><td>

イラク戦争(2003〜11)

フセイン政権が国連からの調査を拒んだことにより、大量破壊兵器の製造の疑いが浮上。アメリカとイギリスが攻撃を開始。結局ミサイルも核も見つからず、アメリカに世界の批判が集中した

</td><td></td></tr>
</table>

状態が続いています。

でも、そこでアメリカが戦争に懲りたわけではありません。一九六〇年代になると、アメリカはベトナム戦争に参戦しました。朝鮮戦争もベトナム戦争も、共産主義の拡大を食い止めるための戦争です。ベトナムとの間には圧倒的な兵力差がありますから、アメリカとしては簡単に勝てると思っていたことでしょう。

ところがアメリカは、ここで初めて戦争に負けました。あそこまで明白な失敗をしでかすと、人間はやはり反省します。ベトナム戦争で深く傷ついたアメリカは、それからしばらく、本格的な戦争を避けていました。

しかし東西冷戦が終わると、また戦争を起こします。一九九一年、イラクのクウェート侵攻に端を発する湾岸戦争です。ただし米大統領ジョージ・H・W・ブッシュ（父）は、ベトナムでの苦い教訓を活かしました。アメリカ一国だけではベトナム戦争の失敗を繰り返すことになると考えたブッシュ大統領は、各国との交渉に半年ほど時間をかけて多国籍軍を組織し、「国際社会の総意に基づく戦争」という仕組みを作り上げたのです。

米軍を中心とする多国籍軍はイラク軍をクウェートから追い出すことに成功しました。戦争を起こしたこと自体は問題ですが、アメリカにとってはまさに「失敗は成功の母」となっ

96

た事例と言えるでしょう。この成功によって、アメリカは「ようやくベトナム戦争のトラウマを拭い去った」と言われました。

しかしながら、湾岸戦争の成功はまた次の失敗を生みます。息子のほうのジョージ・W・ブッシュ大統領は、父親の戦争がなぜ成功したのかをちゃんと理解していなかったのかもしれません。単に「アメリカは強い」と思い込んでしまったのか、二〇〇一年の同時多発テロを受けて始めたアフガニスタン戦争とイラク戦争は、湾岸戦争のような国際協力体制を整えずに、ほぼアメリカ一国のみで戦いました（イギリスは協力）。その結果、アフガニスタンもイラクもベトナム戦争と似たような泥沼状態に陥り、アメリカの戦争は大失敗してしまったのです。

■**攻められたときに強い国が攻めても強いとはかぎらない**

戦争の成功体験によって顕（つまず）いた国は、アメリカだけではありません。たとえば中国も、日本との戦争を通じて、ある種の成功体験を得ました。

あのとき中国共産党が選択したのは、いわゆる「人海戦術」です。日本軍が攻めてくると、共産党の紅軍（こうぐん）（現・人民解放軍）はあまり抵抗せず、大陸の奥地へ逃げていく。大した

武器は持っておらず、装備の点では日本軍のほうが優っていましたから、日本軍は「これは簡単に勝てる」と思うでしょう。

ところが、逃げる紅軍を追っていくうちに、ふと気づくと膨大な数の敵に取り囲まれて身動きが取れなくなっています。相手の武器は貧弱でも、人数で圧倒されると勝ち目がありません。こうして「人民の海」に溺れるような形で、日本軍の多くの部隊がやられたのです。

もちろん、中国が第二次大戦の戦勝国となったのは日米戦争でアメリカが勝ったからですが、「抗日」を掲げて中華人民共和国を成立させた中国共産党にとっては、これがひとつの成功体験となりました。

これが仇となったのが、一九七九年に起きたベトナムとの戦争（中越戦争）です。第八章で詳しくお伝えしますが、ベトナムの侵攻によってカンボジアのポル・ポト政権が崩壊した後、それまでカンボジアを支援していた中国は、ベトナムに侵攻しました。

でも、当時の人民解放軍は、自国に侵攻を受ければ人海戦術で戦えますが、よその国に攻め込むほどの力はなかったのです。しかも、相手のベトナム軍はアメリカとの戦争で豊富な実戦経験を積んでいる上に、撤退した米軍が残した最新兵器で武装していました。

そのため、中国の人民解放軍は一カ月も経たないうちにベトナムから撤退せざるを得なか

ったのです。この中越戦争における失敗が、中国が軍の近代化に着手するきっかけになりました。

ただしこの一連の紛争では、ベトナムも大きな痛手を受けています。たしかに対米戦争では勝利を収めましたが、それは中国と同様、「守りの戦争」における成功体験でした。自国に攻め込まれると、誰でも死に物狂いで戦うものです。だから実力以上のパワーが発揮されて、強い相手に勝つこともあるでしょう。しかし、それが国外でも通用するという保証はありません。他国から攻められたときに強い国が、他国を攻めたときにも強いとはかぎらないのです。

実際、あの米軍を必死で追い払ったベトナムも、カンボジア侵攻では相当な苦戦を強いられました。ポル・ポト政権は打倒したものの、カンボジアから撤退するまでの間に、ベトナム軍は五万人もの戦死者を出しています。これは、ベトナム戦争における米軍の死者数とほぼ同じ。米中を立て続けに下したベトナムですが、その両国と同様、やはり過去の成功体験に基づく戦争で、大きな犠牲を払ったのです。

■アフガニスタンで「過ち」を繰り返す大国たち

このように、戦争から得た教訓を活かすのは簡単ではありません。痛い目に遭（あ）っただけ反省し、勝てば「次もイケる」と考えているようでは、戦争はなくならないでしょう。ほとんどの戦争はどちらかが勝って終わるのですから、その成功体験が必ず次の戦争を呼び寄せることになり、「負（ふ）の連鎖」が延々と続いてしまうのです。

また、自分たちが痛い目に遭ったときはその失敗を反省して次に活かす国が多いのですが、他国の失敗からはあまり学ぼうとしません。「人のふりみてわがふり直せ」「もって他山の石とする」などの言葉がありますが、それが難しいからこそ、諺（ことわざ）になっているのでしょう。

いかに世界が他人の失敗を「他山の石」にできないかは、アフガニスタンという国に注目するとよくわかります。あの国に手を出して痛い目を見たのはソ連だけではありません。**過去を振り返ると、アフガニスタンに介入して無事に済んだ国はひとつもないのです。**

たとえば、イギリスがそうでした。名探偵シャーロック・ホームズが活躍するコナン・ドイルの作品がお好きな方なら、あの時代（ホームズシリーズの第一作は一八八七年の刊行）にイギリス軍がアフガニスタンで苦しんだことを印象深く覚えているかもしれません。シリー

ズ最初の作品で、ホームズが後の相棒となるワトソンに初めて会ったとき、「君はアフガニスタン帰りだね」とずばり言い当てたからです。いわば、ホームズが読者に披露した最初の「推理」でした。

ホームズは、ワトソンが軍医であることをあらかじめ知っていました。そのワトソンが「アフガニスタン帰り」であると推理したのは、彼が日に焼けており、ひどく疲れた様子だったからです。一九世紀頃、イギリス軍の関係者が日に焼ける土地というと、アフガニスタン以外にない。しかもイギリス軍はその地で苦戦を強いられている。したがってこの軍医はアフガニスタンに従軍していたに違いない——というわけです。作者のドイルがホームズにそんな推理をさせたくなるぐらい、イギリスはアフガニスタンで辛（つら）い思いをしていたということでしょう。

一九世紀の後半から二〇世紀初頭にかけて、イギリスは中央アジアの覇権をめぐってロシアと対立していました。その両国の抗争全体を「グレートゲーム」と呼びます。その間に何度も勃発したアフガニスタン戦争もその一端です。

コナン・ドイルがホームズシリーズを書いた当時、アフガニスタンで戦争をしたイギリス人は将校だけで、兵士は植民地のインド軍でした。一八四二年には、そのイギリス・インド

連合軍がアフガニスタン兵の襲撃を受け、一万六〇〇〇人が全滅するという大事件が起きます。たったひとりだけが命を助けられ、「おまえは生かしてやるから、部隊が全滅したことを本国に伝えろ」と釈放されたという逸話も残っているぐらいですから、完全にアフガニスタンに弄ばれたような状態だったのでしょう。これに懲りて、イギリスでは「アフガニスタンには手を出すな」と言われるようになったのです。

しかし、その教訓が他国には共有されていません。先ほど紹介したとおり、二〇世紀終盤には、まずソ連がアフガニスタンに手を出し、痛い目に遭いました。ソ連という国が崩壊するきっかけのひとつにもなったのですから、きわめて深刻なダメージです。

さらにアメリカも、イギリスとソ連の失敗に学ぼうとはしませんでした。9・11のテロの報復のために、彼らもまたアフガニスタンに介入し、失敗してしまったのです。そこには、もうアフガニスタンに手を出したくなかったはずのイギリスも巻き込まれました。うっかり介入したばかりに、軍隊を引き揚げたくても引き揚げられない泥沼になり、多数の兵士が死んでいく悲惨な状態になってしまったのです。

■戦争が戦争を生む「負」の連鎖をいかに断ち切るか

ちなみに、アメリカのアフガニスタン戦争に巻き込まれたのは、イギリスだけではありません。最初にアフガニスタンを攻撃したのはアメリカとイギリスでしたが、その後この両国は本隊をイラク攻撃に向かわせました。そこでアフガニスタンに送り込まれ、治安維持にあたったのは、NATO軍です。

NATO軍と言われても、そこにどんな国が参加しているのか、日本にいると、あまりよく知らないでしょう。ドイツ軍やカナダ軍やイタリア軍などのほか、いまはリトアニア軍もNATOのメンバーです。

リトアニアは、かつてソ連の一部でした。ですからソ連がアフガニスタンに侵攻したときは、そこにリトアニア人の兵士も含まれていたかもしれません。

そのソ連が崩壊した後、リトアニアはロシアの脅威から身を守るためにNATOに加盟します。それによってドイツ軍やイタリア軍などがリトアニアに駐留し、ロシアに対抗してくれるようになりました。

そうなると、自分たちばかり恩恵を被（こうむ）るわけにはいかないでしょう。その代償として、NATOからアフガニスタンへの派兵を要請されれば断ることはできません。**ソ連に支配さ**

れていても、**NATOの加盟国になっても、どちらにしてもアフガニスタンとは縁が切れないわけです。**

私はリトアニアを訪れて初めて知ったのですが、アフガニスタンの治安維持活動では、リトアニア軍の兵士たちも死んでいます。日本ではほとんど報道されませんが、それが世界の現実です。

リトアニア人にしてみれば、なぜ自国の若者がアフガニスタンで殺されなければならないのか、よくわからないのではないでしょうか。これはもともと、イスラム過激派の対米テロから始まった話です。リトアニアとは、何の関係もありません。それなのに、気がついたら遠いアフガニスタンに派遣され、何の恨みもない相手に命を奪われているのです。

このような形で戦争に巻き込まれているのは、リトアニア人だけではないでしょう。戦争という「過ち」の連鎖によって、世界各地で似たようなことが起きているはずです。**戦争の成功体験が次の戦争を招くだけでなく、「もう戦争は懲り懲りだ」と反省しても、それがまた次の戦争の引き金になる。**それが、この七九年間の世界でした。

その意味で、戦後の人間社会は、日本も世界も、自分たちの起こした戦争についてきちんと総括し、そこから十分な教訓を引き出したとは言えません。だから、「過ちを繰り返す」

という「過ち」を犯しているのです。

では、戦争が戦争を生んでしまう悪循環を断ち切るには、どうしたらいいのか。これはそう簡単なことではありませんが、やはり、まずは自分たちの過去としっかり向き合うことが大事でしょう。戦争の教訓を将来に活かすには、歴史に学ぶしかありません。戦争の理由を知ることで、私たちは未来を変えていけるのです。次章からは、世界各地の戦争が起きた理由を見ていきます。

第二章

日本は本当に「平和」なのか？

―― 「平和国家」の光と影

■三一〇万人もの死者を出した責任の追及を他人任せ（ひとまか）に

間違いや失敗を犯したときは、自らその原因を明らかにして、再発防止に努めるのが普通です。その上で、責任者は「同じことを繰り返すと自分も辞めなければならない」と考えるので、再発防止にもつながるでしょう。

一般企業の場合、そうやって次につながる形で反省をしなければ、株主は許してくれません。単に「すみません、もう失敗しないように頑張ります」と言っただけでは、反省したことにもならないのです。

では、私たちの国である日本は、七九年前の戦争をどのように反省したでしょうか。

日本はあの戦争で、三一〇万人（国外二三〇万人＋国内八〇万人）もの死者を出しました。数字については諸説ありますが、これは現在の大阪市の人口（約二七七万人）を上回ります。国内有数の政令指定都市が丸ごとひとつ消えてなくなるのと同じレベルの犠牲を払ったのです。

その中には、原爆を含むアメリカの空襲によって亡くなった数十万人の犠牲者も含まれていますが、およそ四割は戦地での餓死や病死でした。つまり、敵国の軍隊に殺されたわけで

108

はない。国が無謀とも言える戦争を始めた（あるいは始めた戦争を早くやめなかった）ことで、多くの兵士が命を落としたのです。

それだけの犠牲を出した以上、（原爆死没者慰霊碑の「過ち」が何を指しているかは別にして）これはやはり国としての「過ち」だったと考えざるを得ません。しかも日本はその戦争に負け、国土もひどく荒廃しました。その責任を問うことを通じて、具体的な再発防止策を講じなければ、国として先には進めないはずです。

ところが日本は、それを他人任せにしてしまいました。

日本の戦争を裁いたのは、終戦の翌年（一九四六年）から一九四八年まで行われた極東国際軍事裁判、いわゆる「東京裁判」です。その前にも後にも、日本人は自分たちの手では戦争責任をまったく裁いていません。

東條英機は東京裁判でＡ級戦犯に指定され、他の６人と共に1948年12月23日、絞首刑に

109

東京裁判は、戦勝国が敗戦国を一方的に裁くものでした。戦争犯罪は戦争の勝敗とは関係がなく、勝った国も負けた国も犯しています。ですから、これは決して公平な裁判とは言えません。

たとえば民間人を無差別に殺すのは国際法に反する戦争犯罪です。広島、長崎への原爆投下や東京大空襲などのアメリカの行為は、間違いなくこれにあたるでしょう。

米軍自身も、「これを実行して戦争に負けたら、われわれは戦争犯罪人になるだろう」と、国際法違反であることを自覚した上で、東京大空襲の計画を立てたと言われています。しかし結果的に勝ったので、彼らは罪を問われなかった。サッカーで言うなら、勝ったチームの選手だけが試合後にイエローカードやレッドカードを取り消され、次の試合で出場停止処分にならなかったようなものです。

■**東京裁判は一方的なものだった**

また、東京裁判の対象となった戦争犯罪の中には、いわゆる**「事後法」**によって裁かれたものがありました。「平和に対する罪」という罪状です。

具体的には、「侵略戦争または国際条約・協定・保障に違反する戦争の計画・準備・開始

110

および遂行、もしくはこれらの行為を達成するための共同の計画や謀議に参画した行為」を犯罪と見なす考え方です。これは、第二次世界大戦が終わってから決められたもので、それ以前は、これを戦争犯罪とする国際法はありませんでした。**後から作った法律を、過去の行為に適用したわけです。**

これは、裁判の原則に反します。その行為をした時点で違法でなかったならば、事後法で裁いてはいけません。ところが東京裁判では、この「平和に対する罪」に問われた日本の指導者たちが、いわゆる「Ａ級戦犯」として処罰されました。

ちなみに「Ａ級戦犯」とは、この罪状が「a項目」だったからそう呼ばれたのであって、Ｂ級やＣ級より罪が重いという意味ではありません。それ以外にも二つの罪状があり、ｂ項は捕虜の虐待などの通常の戦争犯罪、ｃ項は「人道に対する罪」でした。ｃ項も事後法でしたが、これは主にユダヤ人の絶滅を目指したナチスドイツの行為を想定したもので、日本を相手にした東京裁判では適用されていません。

ともあれ、**戦勝国による一方的な裁判だった点でも、事後法が適用された点でも、東京裁判はまっとうな裁判だったとは言えないでしょう。**そのため現在でも、Ａ級戦犯を祀った靖(やす)国(くに)神社の扱いをはじめとして、東京裁判をめぐる議論が絶えません。

しかし、たとえ問題のある裁判だったとしても、当時の日本はその判決を受け入れました。アメリカ・イギリス・中華民国（および後にそれを追認したソ連）が日本に降伏を求めた「ポツダム宣言」にも、降伏した場合は裁判で戦争責任が追及されると書かれています。それを受諾して降伏した以上、一方的な裁判でも日本は文句を言えません。

それに、もしこの裁判が日本の戦争責任を問う場として認められないならば、あらためて自分たちでそれをやる必要があったのではないでしょうか。それをしていないから、反省の仕方が曖昧になってしまいました。その時点でボタンのかけ違いがあったので、現在でも「一方的な東京裁判が間違っている。日本は悪くなかった」という考え方が残っているのです。

しかし、仮に東京裁判が理不尽なものだったとしても、日本に戦争の責任がなかったということにはなりません。それはまた別の話です。

■ 自ら徹底的に反省したドイツと日本の違い

ところで、第二次大戦で日本と同じ敗戦国となったドイツも、戦勝国による裁判でその罪を裁かれました。「ニュルンベルク裁判」です。こちらは「人道に対する罪」も適用され、

多くのナチス幹部が死刑や終身刑などの有罪判決を受けました。

しかしドイツの場合、日本と違って、ニュルンベルク裁判だけで戦争の総括を終えたわけではありません。**その後も自分たちで、徹底的にナチスの戦争を反省しました。**

たとえばドイツでは、ヒトラーやナチスを賞賛する言論が法律で禁じられています。ナチスが行ったホロコースト（ユダヤ人の大量虐殺）やアウシュビッツの強制収容所が「本当はなかった」などと主張することも禁止です。

また、ドイツでは自動車のナンバープレートのアルファベットと数字の組み合わせを自分で選ぶことができますが、最初の二文字を「SS」とすることはできません。「SS」はナチス親衛隊の略称だからです。名前の頭文字が「SS」の人はちょっと残念な気持ちになるかもしれません。

しかしドイツは、**言論の自由や表現の自由という基本的人権を制限してまでも、自分たちの戦争を反省することを選びました。**その徹底した姿勢が、ナチス・ドイツの被害を受けた周辺国にも受け入れられています。最初にドイツ軍の侵攻を受けたポーランドあたりでも、反省するドイツに対して「許そう、しかし忘れまい（Forgive, but never forget）」という格言がしばしば使われました。

一方、戦後の日本でも、戦争に関連する言葉を公文書で使用することが禁じられました
が、こちらは日本が自ら決めたことではありません。米軍を中心とするGHQ（連合国軍最
高司令官総司令部）の命令によるものです。

たとえば日本では、あの戦争のことを「大東亜戦争」と呼んでいました。大東亜とは、東
アジアと東南アジアのこと。その地域を欧米の植民地支配から解放して「大東亜共栄圏」を
作り上げるのが、日本の大きな目的だったのです。しかしGHQは、軍国主義につながる言
葉として「大東亜戦争」の呼称を禁じ、「太平洋戦争」としました。

でも、これはあまり正確な表現ではありません。アメリカから見れば日本との戦争は「太
平洋戦争」でしょうが、日本はその前から、満州事変（一九三一年）に始まる中国大陸での戦
争を行っていました。ドイツ軍のポーランド侵攻（一九三九年）を端緒とする第二次世界大戦
の枠組みにも収まらないので、「大東亜戦争」を使わないとなると、全体をどう呼ぶかはな
かなか難しい問題です。「十五年戦争」と呼ぶ人もいますが、近年は「アジア・太平洋戦争」
が主流になってきました。

しかしGHQの押しつけに反発して、相変わらず「大東亜戦争」を使う人もいます。**戦争
の名称さえはっきりしないのですから、それに対する反省が曖昧なものになるのも当然かも**

しれません。これも、戦争の総括を戦勝国に任せてしまい、自ら徹底的に反省しなかったことによる弊害と言えるでしょう。

ちなみに、二〇一五年三月の参議院予算委員会で自民党の女性国会議員が「日本が建国以来、大切にしてきた価値観」などと紹介して物議を醸した「八紘一宇（はっこういちう）」も、GHQが公文書での使用を禁じた言葉のひとつです。

八紘一宇は、もともと「天下をひとつの家のようにする」という意味で、決して悪い言葉ではありません。しかし戦時中は日本のアジア侵略を正当化するためのスローガンになっていたと

日本国憲法公布の祝賀式典。現在の憲法は GHQ が作成した草案を元に作られた

115

見なされ、GHQに禁じられました。

もしドイツのように日本が自ら禁止したのであれば、その使用の是非が議論になることは
なかったでしょう。「大東亜戦争」も「八紘一宇」も、「アメリカが勝手に規制した」という
思いが残っているから、あえて使う人も出てくる。自分たちで決めたのであれば、使うにし
ろ使わないにしろ、議論の余地はなかっただろうと思います。

■ 新憲法はなぜGHQに「押しつけられた」のか

GHQに「押しつけられた」と言えば、もっと大きな問題はやはり憲法でしょう。日本国
憲法が「押しつけ憲法」なのかどうかは議論のあるところですが、少なくともドイツと日本
の間には、その制定過程にかなりの違いがあります。

そもそもドイツと日本は、終戦時の政治体制が同じではありません。日本は戦争中の政府
が（天皇を含めて）そのまま残りましたが、ドイツは権力の中枢にいたアドルフ・ヒトラー
が自殺したこともあって、中央政府そのものが崩壊していました。東側からソ連、西側から
アメリカとイギリスが攻め込み、連合軍が国土を占領した時点で、ドイツ政府は存在しなか
ったのです。

政府が存在しないのでは、新しい憲法も占領軍に「お任せ」になりそうですが、実際は逆でした。各州の自治体は存続していたので、連合軍はその代表者を集めて新憲法を作らせたのです。その結果、ドイツは連邦制を採用し、州が大きな力を持つ体制になりました。たとえば日本の文部科学省にあたる教育省は、中央にはありません。各州に教育省があり、教育カリキュラムなどはそれぞれの州が独自に定めています。

当時のドイツは分断されていたので、この憲法を作ったのは西ドイツでした。いずれ東ドイツと統一されるまでは憲法を制定すべきではないという考え方に基づいて、これは「憲法」ではなく「ドイツ連邦共和国基本法」と呼ばれました。一九九〇年に東西ドイツは統一されましたが、ドイツ民主共和国（東）がドイツ連邦共和国（西）に吸収される形で一緒になったので、いまも名称は変わりません。

ともあれ、現在のドイツ憲法はドイツ人が自ら作り上げたものです。それに対して、日本はどうか。当初GHQは、日本政府に新憲法の制定を命じました。ドイツと違って中央政府が残っていたので、こちらのほうが話は早かったはずです。

ところが日本政府の考えた新憲法は、明治時代に作られた大日本帝国憲法とほとんど変わらないものでした。旧体制の政府がそのまま残っていたからこそ、新しいものを作りにくか

117

った面もあるでしょう。その草案は早い段階で毎日新聞にスクープされ、記事を見たダグラス・マッカーサー（GHQ最高司令官）を激怒させました。

「日本人に任せておくと民主的な憲法はできない」

そう判断したマッカーサーは、GHQ内部に草案作りを命じます。それからおよそ一週間後にできあがった日本国憲法の草案は、日本政府を驚かせました。自分たちで作ろうとしていたのに、突如GHQの考えたものを渡されたのですから、うろたえるのも当然でしょう。

しかも、英語で書かれたものを翻訳しようとすると、「天皇は日本のシンボルである」と書かれていて、どう訳せばいいのかよくわからない。最終的には「象徴」と訳しましたが、日本政府が想定していない内容の憲法だったことはたしかです。

■独立回復後も日本人は自主的に憲法を作らなかった

そのため「アメリカに押しつけられた」と見る人たちも多いのですが、とはいえ日本は、GHQの草案をそのまま丸ごと受け入れたわけではありません。

たとえば、GHQの草案では国会が一院制になっていました。明治憲法時代の貴族院を廃止して、衆議院だけにするというのです。しかし政府は、チェック機能を働かせるために日

118

本では二院制がふさわしいと考え、参議院を加えました。そういうことができるプロセスがあったのですから、完全な「押しつけ憲法」とは言えないでしょう。日本が自分の手で修正し、日本の国会で審議して可決したのですから。

もちろん、日本国憲法にGHQの意向が色濃く反映されていることは間違いないのですが、これは不変のものではありません。憲法には改正条項がありますから、もし日本人が「押しつけ憲法はイヤだ」と思うなら、いつでも書き換えることができます。

実のところ、その草案を作ったアメリカ自身も、日本がそれをそのまま使い続けるとは思っていませんでした。とりあえず自分たちが占領している間に憲法を作らせたものの、連合国による占領状態が終わり、日本が正式に独立すれば、あらためて独自の憲法を制定するだろうという見方が強かったようです。

でも、そうはなりませんでした。一九五二年四月二八日、サンフランシスコ講和条約の発効によって日本の独立が回復しましたが、それ以降、今日に至るまで、日本国憲法は一文字たりとも書き換えられていません。GHQで草案作りに関わったアメリカ人の中には、「まだあのときのままなの？」と驚く人もいるでしょう。

言うまでもなく、日本国内には改憲を求める勢力もあります。安倍晋三政権では改憲が提

起されましたし、岸田文雄首相も二〇二四年一月の年頭記者会見で改憲に取り組む決意を述べました。

しかし少なくとも戦後の長い間、日本人は選挙で、改憲に必要な三分の二以上の議席をその勢力に与えませんでした（改憲の発議には、衆参両院の本会議で総議員の三分の二以上の賛成が必要）。戦勝国に押しつけられたものだとしても、基本的に日本人はそれを良いものとして受け入れてきたわけです。ただ、二〇二二年七月の参議院選挙以降、改憲勢力が三分の二以上の議席を獲得しています。

これは、考えようによっては実に不思議なことと言えるでしょう。「鬼畜米英」という言葉もあったように、戦争中の日本人はアメリカという国に強い憎しみの感情を抱いていました。そのアメリカに負けて占領という屈辱を受けたのですから、与えられた憲法に対する反発があるのが自然と言えば自然です。

■ **不思議なほどアメリカを憎まない戦後日本人**

しかし、占領軍として日本人の前に現れたアメリカは、それまでイメージしていた「鬼畜」ではありませんでした。

120

日本人がいかに米軍による占領を恐れていたかは、たとえば沖縄の女性たちの対応を見ればわかるでしょう。沖縄戦は一九四五年六月二三日に終結しましたが、そのとき女性たちが手榴弾を与えられたのは、米兵による陵辱を受ける前に自害したほうがいいと考えたからです。米軍が来れば、女性はみんな強姦された上で殺されると思っていたのです。本土も同じで、一般の女性たちが強姦の被害に遭わないように、政府が合法的な売春婦を全国から募集して、米軍の占領に備えたりしていました。

実際、そういう蛮行におよぶ軍隊は珍しくありません。たとえば第二次大戦でドイツやポーランドに侵攻したソ連軍は、現地

「ギブ・ミー・チョコレート」と占領軍に群がる子どもたち。「鬼畜米英」から一転、優しいアメリカ兵像が作られた

121

の女性たちを見境なく、強姦しました。それに対する抗議の声が高まり、「こういう批判があ

りますが、いかがいたしましょう」と部下に問われたスターリンは、**戦争で辛い思いをし**

ている兵士にも娯楽が必要だろう」と答えたと言います。驚くべき発想です。そのためソ連

軍には、日本が国際社会から批判されている慰安婦が必要なかったわけですが、どちらがよ

り批判されるべきかは明らかでしょう。そのため東欧諸国の人々は、ソ連軍に対して強い恐

怖感を抱いています。

そんなケースもあるので、日本はあらかじめいろいろな手当を講じたのですが、沖縄でも

本土でも、米軍は日本人が想像していたような手当たり次第の乱暴など振るわず、むしろフ

レンドリーで優しい存在を印象づけました。ジープで走りながらチョコレートを投げるの

で、子どもたちが「ギブ・ミー・チョコレート」という英語を覚えて、それを追いかけたほ

どでした。

そのせいか、戦後の日本人には、戦中の「鬼畜米英」がウソのように、アメリカを憎む気

持ちがありません。たとえば以前、こんな話を聞きました。二〇〇一年の同時多発テロでア

メリカがひどい目に遭ったとき、テヘラン在住の日本人女性が、イラン人たちにあちこちで

「おめでとう」と声を掛けられたというのです。

イランは反米感情の強い国ですから、かつてアメリカに原爆まで落とされて戦争に負けた日本人は、自分たちと同じ気持ちだと信じて疑わなかったのでしょう。しかし、そこで「おめでとう」と言われて「ありがとう」と喜ぶ日本人はいないでしょう。大半の日本人は、あのときアメリカに同情したはずです。実際、イラン人にそう言われた日本人女性も、ビックリしてポカンとしてしまったそうです。

以前、ある大学の学生の前でチベット仏教のダライ・ラマと対談したのですが、そこで彼はこんなことを言いました。

「日本人の皆さんは、アメリカからあんなにひどい目に遭わされたのに、アメリカ人を許しているでしょう。それが大切なのです」

たしかに、いまの日本人の対米感情を外から見れば、私たちがアメリカを許したように感じられるでしょう。でも、**ほとんどの日本人は、アメリカを「許した」などとは思っていない。むしろ、軍国主義だった日本を民主化してくれたことに感謝しているようにさえ見受けられます。**

第一章の冒頭で紹介した原爆死没者慰霊碑の碑文も、このあたりの心理と関係があるのではないでしょうか。アメリカを憎む気持ちがないから、原爆投下もはっきりと「アメリカの

過ち」と書かず、主語のない曖昧な表現になったように思えます。

■ **与党が改憲を目指し、野党が護憲を主張する「ねじれ」現象**

いずれにしろ、アメリカを中心とするGHQによる占領統治は、日本人が思っていたほど悪いものではありませんでした。憲法も例外ではありません。与えられたものとはいえ、いざ新しい憲法を使ってみたら、昔よりも居心地がいい。戦争で負けたのに憲法が昔より良くなったのですから、まさに「結果オーライ」です。

もし日本が戦争に勝っていたら、いまも大日本帝国憲法がそのまま残っていたでしょう。

その場合、たとえば徴兵制も続いていた可能性があります。制定のプロセスがどうであれ、「良いものは良い」と新憲法を受け入れる気持ちになるのも当然かもしれません。

ただし、「戦争の放棄」や「戦力の不保持」などを定めた日本国憲法第九条については、賛否両論があります。

そもそもアメリカの主導した日本の戦後改革は、単なる善意によるものではありません。経済政策や社会政策については後ほどお話ししますが、どれも基本的には**日本人のためではなく、アメリカの国益のためにしたこと**です。憲法九条で戦力の保持を禁じたのも、「日本

を戦争のない平和な国にしたい」からではなく、「二度と自分たちに歯向かってこない国にしたい」というのが本音でした。

だとすれば、この条項を「結果オーライ」としてありがたく受け入れる気にはならない日本人がいるのも無理はありません。

いや、ある意味では、そちらが多数派とも言えるでしょう。独立回復から三年後の一九五五年に保守合同（自由党と日本民主党の合併）によって誕生した自由民主党は、結党時から「自主憲法制定」を綱領に掲げています。つまり、改憲を目指している。いちばんあらためたいのが九条であることは、言うまでもありません。

その後、自民党は長く政権与党として国政をリードしてきました。自民党が政権の座を失った時期は、ほんの数年しかありません。改憲を目指す政党が、多数の有権者の支持を得てきたわけです。

しかしその有権者も、自民党単独で憲法改正できるだけの議席は与えませんでした。過半数は与えるけれど、三分の二以上にはしない。これは、しばしば「日本国民の絶妙なバランス感覚」などと評されたものです。国政は自民党に任せるけれど、旧社会党や共産党などの野党に常に三分の一以上の議席を与えることで、改憲はさせない。その結果、戦後七九年に

125

わたって、日本国憲法は守られてきました。

考えてみると、これはかなり奇妙な状況です。**与党が改憲を訴える国**など、**おそらく日本以外にはありません。**普通は、政権を握る与党が憲法を守り、野党が改憲を求めるという構図になるでしょう。

ところが日本は、与野党の立場がねじれた状態で過ごしてきました。もし、戦後すぐに日本人が自ら徹底的に戦争を総括し、その反省に基づいて新憲法を一から自分たちで作っていたら、このような「ねじれ」は生じなかったはずです。その意味で、現在まで続く与野党のねじれ現象は、戦後日本の「曖昧さ」を象徴するようなものだと思えてなりません。戦争の後始末をアメリカに任せたことで、戦後の日本はどこかギクシャクしたものになったのです。

■日本に二度と戦争をさせないための経済改革

戦後日本がアメリカによって改革されたのは、憲法だけではありません。日本を二度と戦争のできない国にするために、アメリカは経済の面でもさまざまな手を打ちました。なにしろ憲法は独立回復後に作り直すだろうと思っていたのですから、それだけでは安心できなか

ったのでしょう。たとえ改憲して再軍備をしたとしても、外国に戦争を仕掛けないような社

会になってもらう必要があります。

たとえば労働組合を作らせたのも、そのためでした。

というのも、戦前の日本は国内の市場が小さく、内需が不足していたから中国大陸や東南

アジアを侵略したというのが、アメリカの見立てです。そうだとしたら、**国内に豊かな中間**

層を育てて内需を拡大すれば、外国を侵略しようとは考えなくなるでしょう。

そのためには、労働者の賃上げが必要です。労働者の可処分所得が増えれば、消費者とし

てたくさん買い物をしてくれる。だからGHQは、「民主化」の名の下に、労働組合を作る

ように指示しました。

当時の労働者たちが、そこで「待ってました」とばかりに喜んだわけではありません。労

働者は会社に「雇（やと）っていただいている存在」であり、組合を作って経営者に労働条件の改善

を要求することなど不（ふ）定（てい）の輩（やから）がすることだと教えられていたので、当初はかなり戸惑（とまど）った

ようです。しかしGHQの指示どおりに労働組合が結成され、労働者の所得は徐々に向上し

ていきました。

農地解放も、目的はほぼ同じです。戦前の日本は、大地主と小作人の間にすさまじい所得

127

格差がありました。中間層を増やすには、これも何とかしなければいけません。そこで政府が大地主から農地をタダ同然の安値で買い上げ、これまでは地主から農地を借りていた小作人たちが、自作農になりました。これによって、そ

また、財閥解体も日本経済の活性化を促す改革だったと言えるでしょう。

財閥を解体することで日本企業同士の競争を促し、経済を発展させようとしたのです。

たとえば戦前のビール業界では、大日本麦酒という大企業が圧倒的なシェアを持っていました。しかし、財閥解体によって大日本麦酒が日本麦酒（現・サッポロビール）と朝日麦酒（同アサヒグループホールディングス）に分割されると、それまで大日本麦酒の陰に隠れていたキリンビールがシェアを大きく伸ばします。さらにその後はサントリーも加わり、四社による激しい競争が繰り広げられました。

製鉄業界もそうです。半官半民の国策会社として一九三四年に設立された日本製鐵という巨大企業が、八幡製鐵と富士製鐵に分割されました。それによって、川崎製鉄（現・JFEスチール）や住友金属工業が成長し、シェアを獲得できるようになったのです。

もっとも、その後の製鉄業界は再編が進みました。一九七〇年には八幡製鐵と富士製鐵が再び合併して新日本製鐵となり、二〇一二年には住友金属工業もそこに合併し、新日鐵住金

128

を経て、現在は日本製鉄となっています。経済のグローバル化が進んだので、国内の競争ばかりしていると、海外の製鉄会社との国際競争に勝てません。しかし当時は、そうやって大企業を分割することが、日本経済の活性化や内需拡大につながったのです。

さらに言うなら、GHQが行った婦人解放政策も、「戦争をしにくい国にする」という目的にかなったものでした。

戦前の日本では女性に参政権がありませんでしたが、戦後はGHQの方針にしたがって女性の参政権が認められ、一九四六年四月に実施された戦後初の衆議院選挙では、日本で初めて女性議員三九名が誕生します。もちろん、男女共にいろいろな性格の人はいますが、どちらかというと、男性のほうが攻撃的になりやすい傾向はあるでしょう。だから、男だけで国会論戦をしていると、イケイケになって戦争になりやすい。**女性が入っていたほうが平和志向になりやすい**だろうというわけです。

■「軍隊ではない軍隊」が生まれた背景

さて、軍事的には憲法九条で戦力を奪い、経済的には内需が拡大するような基盤を作ることで、アメリカは日本が「二度と戦争をしない国」になるための準備を整えました。そのま

までであれば、日本が自衛隊を持つことはなかったかもしれません。持ったとしても、自分たちで憲法を改正した上で、はじめから正式な「軍隊」として設立した可能性もあるのではないでしょうか。

しかし現実には、「戦力の不保持」を明記した憲法を維持しながら、日本は自衛隊という軍事組織を持ちました。これも、戦後日本の大きな「ねじれ」のひとつです。

二〇一四年七月一日、「集団的自衛権の行使容認」が閣議決定されました。安倍晋三政権は憲法九条二項に自衛隊を明記する改憲を目指していました。しかし、「自衛権は独立国家固有の権利」とした上で、「自衛権に基づく自衛のための必要最小限の実力」は憲法の禁じる「戦力」にはあたらない（したがって自衛隊は合憲）とした日本政府の見解に疑問を感じる人もいることでしょう。

私は二〇一一年に、アフリカのジブチにある自衛隊の活動拠点を取材しました。彼らは、ソマリア沖で海賊から日本の船舶を守る任務についています。そこでは海賊船への警告アナウンスをいろいろな言語で用意しているのですが、英文を見て驚きました。

「This is Japan Navy（こちらは日本海軍である）」

建前上、自衛隊は「軍隊」ではないことになっています。そのため、たとえば「歩兵」と

130

いった軍隊用語は「普通科」と言い換え
ています。先ほど私は「ジブチにある自
衛隊の活動拠点」と書きましたが、この
「活動拠点」も「基地」を言い換えたもの。

それなのに、海賊船への警告では思い
切り「海軍」という言葉を使っていたの
で、ドキッとしました。しかし自衛隊員
に聞くと、「海賊にセルフ・ディフェン
ス・フォース（自衛隊）と言っても理解
できませんから」とのこと。それはま
あ、そうでしょう。海賊は海軍だと思う
から脅えて逃げていくというわけです。
要するに、言葉をどう換えても、本質的
に自衛隊は軍隊と変わらないのです。

しかし国内では、それを「戦力ではな

2009年4月、ソマリア沖の海賊対策で東アフリカのジブチに派遣され
ることになった日本の海上自衛隊。ジブチは第二次世界大戦後初の日本
の海外での活動拠点となる

い」「軍隊ではない」と言い続けなければいけません。やはり、戦後日本はいろいろと曖昧です。

では、なぜそんなことになったのか。これは、サンフランシスコ講和条約で日本が独立を回復する前に、アメリカ側の事情が変わったことがきっかけでした。

アメリカは日本を「戦争のできない国」にしましたが、一九五〇年、そうも言っていられない事態が起こります。北朝鮮と韓国の間で朝鮮戦争が始まり、崩壊寸前の韓国軍を支援するために米軍を投入せざるを得なくなったのです。しかしアメリカ本土からでは遠すぎるので、日本に駐留していた七万五〇〇〇人の米兵が朝鮮半島に送り込まれることになりました。

そうなると、日本国内には軍隊が存在しなくなります。これは、アメリカにとっても不安でした。すでに東西冷戦が始まっており、ソ連は軍備を増強しています。米軍が留守にしている間に、ソ連が北海道あたりに攻め込んで来ないともかぎりません。

また、そのような外国からの「直接侵略」だけでなく、日本が「間接侵略」を受ける心配もありました。こちらのほうが、より現実的な問題だったと言えるでしょう。

間接侵略とは、外国の影響を受けた国内勢力が武装蜂起して革命を起こすことです。いま

132

の若い世代には信じられないかもしれませんが、当時は日本共産党も（一九五五年に路線転換するまでは）武装闘争を肯定していました。ほかにも左翼勢力の活動が活発で、議会を通さない暴力による社会主義革命が懸念されていたのです。

直接侵略にしろ、間接侵略にしろ、通常の警察力だけでは抑止できません。そこでGHQは、朝鮮半島に派遣される米軍と同じ七万五〇〇〇人の武装組織を作るように、日本政府に指示しました。マッカーサーから吉田茂首相に届いた書簡には、そういう組織の設立を「許可する」と書かれていましたが、**日本から「作らせてほしい」と頼んだわけではないので、実質的にはアメリカの都合による命令です。**

その組織が、後に自衛隊となった「警察予備隊」でした。当初は日本側もそれが何なのかよくわかりませんでしたが、GHQから提示された装備の一覧表を見て、初めて「軍隊を作れ」と命じられたことに気づいたようです。

もちろん、自分たちで憲法草案を作ったのですから、日本が軍隊を持てないことはGHQもわかっていました。だから、軽武装の軍隊を想定していたにもかかわらず、苦し紛れに「ナショナル・ポリス・リザーブ」（警察予備隊の英語表記）と呼んだのです。このとき戦車を「特車」と言い換えたりしたのです。

■焦点は「安保反対」ではなかった安保闘争

一九五〇年に設置された警察予備隊は、その法的根拠である警察予備隊令がサンフランシスコ講和条約の発効に伴って失効するため、一九五二年に「保安隊」と名前を変えました。

さらに一九五四年、日米相互防衛援助協定によって、日本は「自国の防衛力の増強」を義務づけられます。そこで誕生したのが、現在の自衛隊です。

しかし、日本の防衛力が増強されても、アメリカは自国の軍隊を引き揚げるわけにはいきません。ソ連や中国などの社会主義国に睨みを利かせるためには、極東に大きな米軍の拠点が必要です。とはいえ、講和条約が発効して日本が独立国となれば、そこに外国の軍隊が勝手に居座るわけにはいきません。

そこで締結されたのが、日米安全保障条約です。ただし、日本の主権回復と同時に発効（一九五二年四月二八日）した最初の安保条約の第一条には、「駐留アメリカ軍は、極東アジアの安全と平和の維持に寄与するほか、直接の武力侵攻や外国からの教唆や干渉による日本国内の内乱などを鎮圧し、直接の武力攻撃に対しても援助を与えることができる」と書かれていました。「援助を与えることができる」ということは、与えなくてもいい。つまり、**日本に基地を置くにもかかわらず、米軍には日本を防衛する義務がなかった**のです。しかも、

134

日本の内乱を鎮圧することもできる。とても対等な内容とは言えません。

それを対等なものに改定すべく努力したのが、安倍晋三首相の祖父にあたる岸信介でした。

米軍の防衛義務を明記し、内乱条項を削除した新しい日米安保条約が、岸首相とアイゼンハワー米大統領の間で署名されたのは、一九六〇年一月のことです。

しかし、不平等条約を日本に有利な内容にしたにもかかわらず、これが正式に発効するまでには大変な騒動が起こりました。いわゆる「安保闘争」です。

まず国会では、社会党や共産党が安保条約そのものの破棄を主張しました。この条約があると、米軍が恒久的に日本に駐留することになる

1950年に発足した警察予備隊は、その2年後に保安隊、またその2年後に自衛隊へと発展していった

ので、いずれ日本がアメリカの戦争に巻き込まれてしまうというのが、その理由です。

ただし、この野党の反対運動自体は当初、あまり盛り上がりませんでした。国会をデモ隊が取り巻く大騒動になったのは、岸政権が**衆議院で強行採決を行った**からです。安保条約が国会で批准（議会が承認すること）されるタイミングでアイゼンハワー大統領が来日する予定になっていたのですが、野党の反対で、審議が予定どおりに進まない。社会党議員が中心となって、衆院本会議の開会を阻止すべく座り込みを行ったため、岸首相は警官隊を導入してそれをゴボウ抜きにし、深夜に採決を強行したのです。

これが、全日本学生自治会総連合（全学連）を動かしました。「国会議員を警官隊の手で排除するとは、民主主義の危機だ！」というわけで、学生のデモ隊が国会に突入する騒動に発展します。その中で、東京大学の女子学生が死亡するという痛ましい事件も起きました。

ですから六〇年の安保闘争は、実のところ「安保反対」が主眼ではありません。**岸首相の強権的な政治手法への反発**がその根底にありました。岸信介という人は東京帝国大学卒、農商務官僚から商工大臣を経て政治家になったエリート中のエリートで、その態度も今風に言うなら「上から目線」の最たるものでしたから、そもそも嫌われていたのでしょう。

だから、騒動の責任を取って岸首相が退陣すると、「政治の季節」は終わりました。みん

な、「岸さえいなくなれば日本は良くなる」というのが本音だったのかもしれません。次に就任した池田勇人首相が「所得倍増計画」を掲げたこともあり、社会は明るい雰囲気になっていきます。日本は高度経済成長期に突入し、やがて世界第二位の経済大国にまでなりました。

無念だったのは、岸信介でしょう。彼が本当に成し遂げたかったのは、自主憲法制定です。安保条約を改定した後は、それに着手したかった。しかし退陣を余儀なくされ、手が届きませんでした。自民党も、その後は本気で改憲に取り組もうとはしませんでした。

60年安保闘争で国会前に押しかけた学生デモ隊。この際、東京大学4年生の樺美智子氏が命を落とした

137

経済的な繁栄のおかげで、安全保障問題があまり浮上しなかったせいもあるでしょう。岸退陣からおよそ半世紀が過ぎ、経済成長が終わったところで、安倍首相が祖父のやり残した改憲に挑戦したわけです。

■「戦後日本」に取り残された沖縄

ところで、そんな戦後日本の歩みの中で、取り残されていた場所がありました。沖縄です。一九六〇年の安保条約改定で日米はお互いに独立国として新しい関係を結びましたが、その段階ではまだ米軍が沖縄を占領していました。サンフランシスコ講和条約で日本が独立した後も、沖縄、奄美諸島、小笠原諸島はアメリカの統治下にあったのです。

だから、安倍首相が政府主催の「主権回復・国際社会復帰を記念する式典」を二〇一三年四月二八日に開催したことに対して、沖縄の人々は怒りの声を上げました。**講和条約が発効した四月二八日は、日本が主権を回復した日であると同時に、沖縄が日本から切り捨てられた日とも言えるからです。**

本土復帰を果たしたのは、奄美諸島が一九五三年、小笠原諸島が一九六八年、沖縄はもっとも遅い一九七二年でした。沖縄返還にあたって佐藤栄作首相が掲げたのが、「核抜き・本

138

土並み」という言葉です。アメリカ占領下の沖縄は、多くの米軍基地があったのはもちろん、そこには核兵器も配備されていました。その核兵器を撤去して、米軍基地の面積も本土と同じぐらいまで減らす。それが「核抜き・本土並み」の意味です。

ところが実際には、核兵器は撤去されたものの、米軍基地そのものは「本土並み」にはなりませんでした。この沖縄の基地問題は、返還から五〇年余り経った現在でも解決していません。

そもそも沖縄に米軍基地が置か

日本兵の遺体を横目に前線に向かう米兵。1945年4月に米軍上陸で始まった沖縄戦は、日本軍、一般人合わせ18万人もの戦死者を出す悲劇を生み出した

れたのは、大戦の終盤にそこで地上戦が行われたのがきっかけです。徐々に日本の本土へ迫ってきた米軍は、一九四五年四月、ついに沖縄に上陸しました。沖縄は「鉄の暴風」とも呼ばれる激しい砲撃にさらされ、住民にも多大な被害が生じます。日本軍は壊滅状態となり、六月二三日に組織的な抵抗は終わりました。米軍は日本軍から接収した基地を増強し、次の作戦である九州の空襲を準備します。

しかしそれが実行される前に、日本が降伏して戦争は終わりました。せっかく基地を増強したのに、使い途がなくなってもったいない――と米軍関係者が思ったところで、今度は東西冷戦が始まります。共産圏と対峙する上で、沖縄は地理的に大きな意味を持っていました。そのため沖縄は、日米安保体制の下で引き続き広大な米軍基地を抱え込むことになったのです。

しかし最近は、沖縄に基地を集中させるのは米軍にとっても不都合だという見方も出てきました。たとえば中国が台湾を攻撃して米軍がそこに参戦した場合、中国からはミサイルが雨あられと降り注ぐでしょう。それによって、一瞬のうちに沖縄の米軍基地が壊滅してしまうことが懸念されるのです。

■県民反対でも続く埋め立て工事

基地が一カ所に集中することのリスクは、普天間飛行場（通称は普天間基地）の移転問題でも指摘されました。住宅地に取り囲まれた普天間飛行場は民間人を危険にさらすため、土地が返還されることが決まっています。それを辺野古に移転するかどうかで政府と沖縄県が対立してきたのですが、この移転に対しては「代替基地を作らなくても、嘉手納基地と一緒になればいいのではないか」という反対意見がありました。

でも、米軍の答えはノー。滑走路を持つ基地がひとつだけだと脆弱性が高いというのが、その理由です。嘉手納と辺野古の両方に滑走路があれば、ミサイル攻撃を受けても一方が残る可能性がある。理屈の上では、たしかにそうでしょう。

また、嘉手納基地は空軍なので戦闘機や爆撃機が中心ですが、普天間は海兵隊なのでヘリコプターが多い。固定翼で発着するものと回転翼で上下するものが同じ基地にあるのは危険だ、という理由も挙げられました。ただしその裏には、「仲の悪い空軍と海兵隊が基地を共有できるわけがないだろう」という本音も隠れているに違いありません。

それはともかく、滑走路を二つの基地に分散したところで、どちらも沖縄にあるのでは、敵からの攻撃に対して脆弱であることに変わりはないでしょう。そのため米軍は、**海兵隊を**

沖縄からグアムに移すプラン

を持っています。一部の報道では、二〇二四年一〇月から移転を始めるとも伝えられました。中国にはグアムにも届くミサイルもありますが、その数はあまり多くありません。グアムまで後退すると中国への距離が遠くなるので抑止力が弱まるようにも思えますが、むしろ「中国が簡単には叩けない米軍がいる」ことによって抑止力が高まるという考え方もあるのです。

それができるなら、米軍にとっても沖縄県民にとってもハッピーな解決策と言えるでしょう。ところがどういうわけか、その選択肢はほとんど議論されません。では、米軍海兵隊のグアム移転は誰にとって不都合なのでしょうか。

そこで考えられるのは、海兵隊が沖縄に留まるのは「日本にとって都合がいい」のではないかということです。日米安保条約で、日本が外国の攻撃を受けたときは米軍に守ってもらうことになっていますから、そのためにはなるべく近くにいてくれたほうがいい。たとえば中国が尖閣諸島を奪いに来たとき、沖縄に米軍の海兵隊がいればすぐに対応できます。

その海兵隊がグアムに移転すると、中国に対する抑止力が低くなります。もちろん自衛隊はいますが、それだけで十分な抑止力になるかどうか疑問です。中国に「うっかり尖閣諸島に手を出すわけにはいかない」と思ってもらうには、沖縄に海兵隊がいてくれたほうが好都

142

合うなのです。

そうだとすると、沖縄県民にとってはますます納得のいかない話でしょう。米軍の戦略的な事情のためではなく、日本の防衛のために米軍基地を置くなら、本土がそれを負担してもいいはずです。たしかに尖閣諸島は沖縄に近いとはいえ、日本が攻められる可能性のある場所はそこだけではありません。**国土防衛のために、沖縄がこれほど多くの米軍基地を引き受けるのは理不尽です。**

辺野古への基地移設については、二〇一八年一二月に沿岸部で土砂の投入が始まりました。県民投票（二〇一九年二月二四日）で反対が多数を占めたにもかかわらず、埋め立て工事が続いています。

こうした沖縄の基地問題は、そもそもアメリカが日本を「戦争の

沖縄の主な米軍基地

アミ部分が米軍への提供地域

できない国」にしたところから始まっている
と言えるでしょう。そのため日米安保条約が
必要になり、独立回復後も米軍基地が日本国
内に置かれるようになりました。

　だとすれば、これもやはり日本が自ら戦争
の総括をしなかったことが問題の根源です。
戦後の問題は、すべてそこから始まっている
ように思えてなりません。

　まず、日本人の歴史観は東京裁判を認める
かどうかで大きく異なります。両者の考え方
の溝は、なかなか埋まりません。また、「改
憲か護憲か」をめぐる与野党のねじれや、軍
隊なのか何なのかよくわからない自衛隊の曖
昧さなども、戦後処理を他人任せにした結果
です。憲法も自衛隊も、ある意味ではアメリ

名護市の辺野古沿岸部では埋め立て工事が続く

144

カの都合で押しつけられました。要するに、**日本に主体性がなかったから、いろいろなことがギクシャクしているのです。**そういう戦後日本の歪みが集約されているのが、沖縄の基地問題なのです。

■戦時賠償金の代わりとしてのODA

ギクシャクと言えば、戦後の日本は周辺国との関係もスッキリしません。これも、欧州各国の「許し」を得てEUで中心的な役割を果たすまでになったドイツとは対照的です。

ただし日本は、戦争で迷惑をかけた国々への償いをしていないわけではありません。基本的には、きちんと戦時賠償金を支払い、日本を許してくれている国はたくさんあります。

しかし、例外的に賠償金を払っていないケースもあります。向こうから「賠償金は要らない」と申し出た国があるからです。たとえば、セイロン（現・スリランカ）がそうでした。

仏教国らしく、**「憎悪は憎悪によって止むことはなく、愛によって止む」**という感動的な言葉を使って、戦時賠償金を受け取らなかったのです。台湾も同様。日本と台湾は一九五二年に日華平和条約を締結しましたが、中華民国総統、蔣介石はセイロン政府と同じ理由で賠償金を要求しませんでした。

とはいえ日本としては、賠償金は要らないと言われて「はい、そうですか」というわけにはいきません。それではこちらの気が済みませんし、国際社会の信用を得るためにも、何らかの形で償う必要があります。そこで日本は、**賠償金を支払う代わりに円借款や技術協力などで日本が支援するODAを積極的に行うことにしました。**ですから、賠償金を払っていないからといって「責任を取っていない」ということにはなりません。

ちなみに日本は、たとえばインドネシアのような戦時賠償金を支払った国々に対しても、ODAを行ってきました。そのほか、青年海外協力隊のような形でも国際貢献を果たしています。そういった努力の結果、「平和国家」としての戦後日本の歩みをアジアの多くの国が高く評価してくれるようになりました。

しかし、例外が二つあります。**中国と韓国だけは、いつまで経っても日本を許しません。**

それは一体、なぜなのでしょうか。

中国は、日本の戦時賠償を辞退した国のひとつです。

日本と中華人民共和国は、一九七二年に国交正常化を果たしました。中国共産党は「二つの中国」を認めないので、このとき一九五二年の日華平和条約は失効し、日本は台湾（中華民国）と断交しています。それが国交正常化の条件だったわけです。

そして中国の周恩来首相は、北京を訪れた日本の田中角栄首相に対して、「日本人民の負担になるような戦時賠償は請求しません」と明言しました。台湾が請求しなかったものを自分たちが請求するわけにはいかなかったのかもしれませんが、ともかく中国側からそれを放棄したのです。

そのため日本は、セイロンと同様、中国にもODAを提供することにしました。中国はもはや日本にできない有人宇宙飛行をやるほどの大国ですから、現在はもう新規の経済援助は行わないことになっていますが、長年にわたる援助の総額は莫大なものになっています。

そういう援助をしてきたにもかかわら

田中角栄、周恩来の両首相が日中共同声明に調印。その後、戦後27年にして国交が復活した

147

ず、反日教育を受けてきた若い世代の中国人は国交正常化の経緯を知らないのか、「日本はまだ戦争の責任を取っていない」などと批判します。償いはしたのに、「許そう、しかし忘れまい」とは言わないのです。

■ 中韓が「反日」をやめられない理由

韓国に対しても、日本はこれまでにさまざまなことをしてきました。

賠償金問題は、一九六五年に締結した日韓請求権協定で法的には解決しています。そのとき日本は韓国に三億ドルを無償供与し、二億ドルの有償援助（利率の低い長期融資）も行いました。加えて、日本の民間企業が三億ドルの資金協力もしています。これを「賠償金」と見るか「経済援助」と見るかは日韓で解釈の違いがあるのですが、韓国はその資金と引き替えに対日請求権を放棄しました。韓国の個人や団体が日本に賠償請求をしても、それに対して資金を渡すかどうかは韓国政府の判断です。日本には支払義務がありません。

しかしそれでも日本は、**「女性のためのアジア平和国民基金」（一九九五～二〇〇七年）を設立して、元慰安婦に償い金を支払う**などとしています。そのときの日本側の善意を示すものと言っていいでしょう。対中国と同様、韓国に対しても、償いは済んでいるのです。

148

ところが韓国は、政治家の多くも世論もいまだに反日です。いわゆる徴用工問題では、韓国の大法院が元徴用工の訴えを認めました。しかし尹錫悦大統領は二〇二三年三月、岸田文雄首相との共同記者会見で、この判決は韓国政府の立場とは異なる、と述べました。勇気ある発言です。

では、どうして韓国はこれまで、ほかのアジア諸国と違って「反日」の姿勢を取り続けてきたのでしょうか。その背景には、戦後の「独立」をめぐるプロセスの違いがあります。

たとえばシンガポールは、日本軍が撤退した後、かつての宗主国であるイギリスが戻ってきました。しかし彼らは、それを追い出して独立を果たします。インドネシアも同じ。日本軍が去った後に戻ってきたオランダと戦って、自力で独立を勝ち取りました。その自負心があるので、日本のことを許す気持ちになれるのでしょう。

それに対して朝鮮半島は、日本が去った後にアメリカとソ連がやって来て、それぞれ韓国と北朝鮮を作りました。**どちらも、自力で独立をつかみ取っていない**のです。

その負い目があるため、韓国は独自の「建国神話」を作り上げました。上海（シャンハイ）に逃げた人々が作った「大韓民国臨時政府」が日本軍と戦って独立を勝ち取った——という神話です。実際に存在した大韓民国臨時政府は名ばかりのものでしかなく、実体は何もないに等し

いものでした。もちろん日本軍と戦ってなどいません。

でも韓国は、その神話によって、自ら独立を果たしたことにしました。すると、韓国政府の正統性は「反日」であり続けなければ保たれません。

しかも、戦争が終わって、外国に逃げていた人たちが祖国に戻ってみると、韓国人はほとんど日本人化していました。日本の神社があちこちにありますし、子どもの頃から日本語を話す世代などは、物事の考え方も日本人化しています。そのため、「このままでは民族が根絶やしになってしまう」という危機感も芽生えました。

そこで始まったのが、徹底した「反日教育」です。政府の正統性を維持するためにも、民族性を守るためにも、韓国にはそれが必要でした。その結果、**現在の韓国人は「反日」をやめると自らのアイデンティティを保てなくなっているのです。**

中国にも、それと似たような事情があります。

というのも、現在の中華人民共和国政府は、国民の民主的な選挙によって成立したわけではありません。共産党による独裁国家です。したがって、国民が共産党支配に不満を抱き、「なぜ政府の言うことを聞かなければいけないんだ。われわれはおまえたちを選挙で選んだ覚えはないぞ」と主張してきた場合、政府の正統性を主張できないでしょう。

そこで政府の正統性を支える根拠として持ち出されるのは、やはり「反日」です。これもかぎりなく「神話」に近い話ですが、中国共産党の書いたストーリーでは、自分たちが日本軍と戦って中国大陸から追い出し、人民を解放したことになっている。だから共産党こそが中国大陸における唯一の正統な支配者だ、というわけです。その正統性を保つためには、日本という「敵」がいなければなりません。実際に日本と戦っていたのは、主に中華民国の国民党軍だったのですが。

そんなわけですから、韓国も中国も「日本は過去の戦争に対する反省が足りない」「ドイツに学んできちんと謝罪すべきだ」などと言い続けます。

もちろん日本も、ドイツのように自ら徹底的な反省をしているとは言えない面がありますから、問題はあるでしょう。しかし公式な償いは済んでいるのですから、**日本に向かって「ドイツに学べ」と言うのなら、中韓にも、そのドイツを許した欧州諸国の姿勢に学んでもらいたいところです。**「許そう、しかし忘れまい」ならよいのですが、「忘れない、だから許さない」ではキリがありません。

■戦後七〇年の「安倍談話」に中韓は……

とはいえ日本のほうにも、かつての「村山談話」を否定しようとする動きがあるので、中国や韓国の姿勢ばかりを責めることはできないでしょう。

戦後五〇周年を迎えた一九九五年に、村山富市首相は「戦後五〇周年の終戦記念日にあたって」という閣議決定に基づく談話を発表しました。そこでは、中国や韓国などへの謝罪が次のように述べられています。

「植民地支配と侵略によって、多くの国々、とりわけアジア諸国の人々に対して多大の損害と苦痛を与えました。私は、未来に誤ち無からしめんとするが故に、疑うべくもないこの歴史の事実を謙虚に受け止め、ここにあらためて痛切な反省の意を表し、心からのお詫びの気持ちを表明いたします」

ご覧のとおり、日本が過去に植民地支配や侵略行為を行ったことが「歴史の事実」とされているのですが、これに反発する政治勢力は少なくありません。「韓国併合は植民地支配とは違う」「あれは侵略戦争ではなく自衛のための戦争だった」と言うのです。

安倍首相も、二〇一三年の国会答弁で「安倍内閣として、村山談話をそのまま継承しているわけではない」とした上で、「侵略の定義は学界的にも国際的にも定まっていない。国と

国との関係でどちらから見るかで違う」などと述べました。どうも、日本が侵略戦争をしたとは言いたくないようです。その後、戦後七〇年の節目に発表した「安倍談話」で、首相は

「我が国は、先の大戦における行いについて、繰り返し、痛切な反省と心からのお詫びの気持ちを表明してきました。（中略）アジアの人々が歩んできた苦難の歴史を胸に刻み、戦後一貫して、その平和と繁栄のために力を尽くしてきました」としています。

その上で、「日本では、戦後生まれの世代が、今や、人口の八割を超えています。あの戦争には何ら関わりのない、私たちの子や孫、そしてその先の世代の子どもたちに、謝罪を続ける宿命を背負わせてはなりません」とも明言しました。

この「安倍談話」に対して、韓国の朴槿恵（パク・クネ）大統領は「残念な部分が少なくない」、中国外務省も「いかなるごまかしも、すべきではない」と批判したのです。

日中戦争は、中国軍が日本に攻めてきたわけではありません。最初から最後まで、戦争の舞台は中国大陸です。たしかに、日本は「ロシアの脅威」を食い止めるために中国大陸へ進出したので、「自衛のため」という理屈が成り立たないわけではないでしょう。でも、それを言い始めれば、あらゆる侵略戦争は「自国の利益を守る」という大義名分が立ってしまいます。客観的に見れば、日中戦争は日本の侵略戦争と言わざるを得ません。そこは認めない

153

と、国際社会の理解を得られないのではないでしょうか。

慰安婦の問題についても、国際社会の目を意識して発言する必要があります。

安倍首相を含めて、「日本は慰安婦を強制連行した」という韓国の抗議に反発する人々は「日本が慰安婦を強制的に集めた証拠はない」と反論するのが常です。それは決して間違っていません。強制連行の事実を示す証拠はない。しかし、いま国際社会で問題視されているのは、戦争における性暴力そのものです。

たとえばボスニア・ヘルツェゴビナ紛争（一九九二〜一九九五年）では、セルビア人兵士がクロアチア人やイスラム教徒の女性たちを次々と強姦して、民族浄化のために自分たちの子を産ませようとしました。また、アフリカで内戦が起こると、国連から派遣されたPKO部隊の兵士たちが、現地の女性たちを強姦するケースがよくあります。国連のブルーヘルメットをかぶった人たちがそんなことをするのですから、きわめて根の深い問題と考えざるを得ません。

そうやって、戦地で女性たちが脅（おびや）かされる状態を何とかしなければいけない——それが国際社会で深刻な議論になっていることを考えれば、過去の戦争で「慰安婦がいた」こと自体が問題視されても仕方がないでしょう。それを「しかし強制連行はしなかった」と言え

ば、責任回避をしているように聞こえてしまいます。

「いま、そんな話はしていない。強制したかどうかはともかく、日本軍のすぐ横に慰安所が

あったことは事実なんだろう？」――それ自体が「性暴力」と見なされてしまうのですか

ら、そう言われたら返す言葉がないのです。

そもそも国際社会は、日本と韓国の二国間対立になどあまり関心がありません。日本と韓

国がどこにあるのかもよくわかっていない人のほうが多いぐらいでしょう。いくらかアジア

情勢に詳しい人でも、強制連行の有無のような細かい議論には興味がない。韓国系のロビイ

ストがアメリカで日本の悪口を言いふらすのを聞いて、「いつまで昔のことでモメてるんだ」

「日本はちゃんと韓国との関係を良くしてくれないと困る」などと不満を抱くのです。

ですから日本は、「対韓国」の議論に勝ったところで、国際社会の評価は高まりません。

そこでムキになると、かえって評判が落ちて国益を損ねることになってしまうのです。

■「外圧」でしか変われない国

ここまで見てきたように、いまの日本は七九年前の戦争で生じた問題をまだ引きずってい

ます。もちろん、戦争の反省を活かして良くなったこともないわけではありません。この七

九年間、日本はどの国とも戦争をしませんでした。警察官や民間人が外国の紛争に巻き込まれて命を落としたことはありますが、自衛隊員はひとりも外国軍に殺されていませんし、殺してもいません。このような「軍隊」は、世界にもあまりないでしょう。自ら望んだものではなかったとはいえ、憲法九条を堅持することで、平和国家であろうと努めてきたことは誇ってよいと思います。

しかし、その平和国家としての歩みが変質しようとしているのも事実です。安倍政権は従来の憲法解釈を変更し、集団的自衛権の行使を容認しました。それに伴って、海外で自衛隊の戦闘行為が可能になるなど、安全保障法制も大きく変わり、二〇一五年九月に平和安全法制（平和安全法制整備法、国際平和支援法）が可決・成立しました。

そして、これも日本が自ら選んだというよりは、同盟国であるアメリカの要望に沿ったものという側面があるのは否めません。これまで日本の自衛隊は、たとえば在日米軍が外国からの攻撃を受けたとき、同盟国でありながらそれを護衛することができませんでした。集団的自衛権の行使が認められると、そういったことが可能になります。米軍にとって都合のいい話であることは間違いありません。

いずれにしろ、戦後日本の安全保障はアメリカに振り回されてきました。日本を「二度と

戦争のできない国」にするために憲法九条を与えながら、自分たちの都合で「軍隊ではない軍隊」を作らせ、さらには集団的自衛権の行使も可能にして「戦争のできる国」に戻そうとしているようにも見えます。

いちばん問題なのは、そうやって**アメリカに振り回されているうちに、日本がますます物事を主体的に決められなくなっている**ことではないでしょうか。昔からよく指摘されることですが、日本は重要な決定を下すときに「外圧」を利用する傾向があります。国内から反発を受けても、「こうしないとアメリカが黙っていないから仕方がない」という形で説得しようとするのです。

あるいは、「世界はみんなこうしているから日本もこうしなければいけない」と言って後を追うこともよくあります。日本が自発的に新しい提案をするのではなく、よその国が何かを始めると「バスに乗り遅れるな」とばかりにそこに加わろうとする。近年では、たとえばTPPがそうでしょう。アジアインフラ投資銀行（AIIB）も、提唱したのは日本ではなく中国でした。その新しい「バス」に乗るかどうかも、アメリカの顔色をうかがわないと決められないような状態でした。

■ 戦争の「負け方」からも学べていない日本

このように自発性を持てないのは、この国がまだきちんと「独立」を果たしていないせい
かもしれません。

たしかに、敗戦によって連合軍に占領された七年後に、国際法上は独立国としての主権を
回復しました。そこで憲法も変わり、新しい国に生まれ変わったとも言えるでしょう。

しかし、日本人はそのとき自力で自由や民主主義を手に入れたわけではありません。戦勝
国にお膳立てしてもらう形で、戦後の歩みを始めたのです。だから、いまだに「外圧」でし
か変わることができない。そんな日本が独立国としての自発性や主体性を身につけるには、
やはりここであらためて、戦争の総括を自分たちの手でやらなければいけないと思います。

日本が反省できていないのは、戦争を「始めたこと」だけではありません。**その戦争に
「なぜ負けたのか」についても、まともに反省できていないように見えます。**

たとえば戦争中の日本軍は、「戦力の逐次投入」という失敗によって必要以上に損害を大
きくしてしまうことがありました。ガダルカナル島の戦い（一九四二年）やインパール作戦
（一九四四年）が有名です。米軍との戦闘が不利になるとテコ入れが必要になるのですが、一
度に思い切った増員をしないので、すぐに全滅してしまう。そこでまた少し部隊を送り込む

158

と、それもまた全滅。それを何度も繰り返しているうちに、大変な数の戦死者を出してしまうのです。

そんな苦い経験をしているのに、いまだに日本は戦力を逐次投入するクセが抜けません。

たとえば、東日本大震災で発生した原発事故への対応がそうでした。

福島第一原子力発電所で、電源喪失によって原子炉の冷却ができなくなったとき、政府や東京電力のやることをイライラしながら見ていた人も多いでしょう。まず消防の放水車から水を投下してもダメ。そうやって少しずつ対策を講じて後手に回るのは、まさに「戦力の逐次投入」です。

実はあのとき、アメリカ政府は原子炉の廃炉を前提にした技術支援を日本に申し入れていました。しかし政府と東電はまだ廃炉にするつもりがなかったので、それを「時期尚早」と断ります。廃炉にしてでも冷却するという思い切った判断ができなかったために、対応が遅れてしまった。初期の段階でアメリカの提案を受け入れていれば、爆発が起きて高濃度の放射性物質が飛散するような事態は防げたかもしれません。

負けた戦争の反省ができていないと思える点は、ほかにもあります。戦争中、日本軍は

「月月火水木金金」という歌が流行るほど、休みなく兵隊を働かせました。「土日」もなく仕事をさせられるということですから、この歌を知らない若い世代にも共感されることでしょう。いまも日本人は残業に次ぐ残業に耐えていますし、過酷な労働条件で従業員を過労死させる「ブラック企業」も少なくありません。

しかし、それではいけないことは、戦争に勝ったアメリカを見れば明らかでした。

日本軍の場合、空母や戦艦などの軍艦はそれぞれ所属部隊や艦長などが決まっています。たとえば戦艦大和には歴代で六人の艦長がいましたが、それぞれ任期中は常にその人が艦長でした。

それに対してアメリカ海軍は、一定の期間ごとに乗船するメンバーが入れ替わります。同じ艦船を、複数の部隊が交代で使用する。艦長は、その艦船のトップではなく、その部隊のトップです。ですから、みんなが交代で休暇を取ることができました。実に合理的なローテーション・システムを組んでいたのです。

また、こんな話もあります。戦時中、米軍が南太平洋の島に大きな貨物を上陸させるという情報が入ったので、日本軍は新しい秘密兵器ではないかと考えます。そこで偵察隊を派遣したのですが、その「秘密兵器」はなんとアイスクリーム製造器でした。偵察に行った人物

160

は、戦後、「あれを見て日本は戦争に負けると思った」と述懐しています。たしかに、「月月火水木金金」で疲弊し、ろくに食料も与えられなかった軍隊が、十分な休暇を取り、戦場でアイスクリームを作る余裕のある相手に勝てるとは思えません。

■個人の「腕」に頼る日本、マニュアルで対処するアメリカ

米軍の合理性は、パイロットの救出にも表れていました。空軍のパイロットは非常に専門性が高いので、ひとり養成するのに多くの時間とコストがかかります。だから、撃墜されてパイロットが命を落とすと、大変な損失になってしまう。そのため米軍は、戦闘機や爆撃機を出動させるとき、撃ち落とされたパイロットをどうやって救うかという救出作戦まで含めて最初から準備していました。海軍のパイロットだったブッシュ（父）大統領が、硫黄島近くで日本軍に撃墜されながら救出されたのも、そのときのために近くに潜水艦が待機していたからです。

一方の日本軍は、パイロット養成にかかるコストのことなど考えません。しっかりした救出態勢を整えていないので、出撃回数の多い優秀なパイロットほど先に戦死していきました。高い操縦技術を持つパイロットがあまり残っていなかったため、戦争の終盤に行われた

特攻作戦では、ほとんどの戦闘機が敵艦に命中せず、その前に海に落ちています。

そんなことになってしまったのは、誰がやっても同じようにできる「マニュアル」を作らず、職人的な「名人芸」に頼っていたせいもあるでしょう。

戦争の途中で、日本軍のパイロットはあることに気づきました。米軍の対空砲攻撃を受けた際、弾が命中していないはずなのに味方の飛行機が次々落ちてしまうのです。「これは何か仕掛けがあるに違いない」と考えて司令部に報告するのですが、「そんなバカなことがあるか」と相手にされません。

しかし実際、米軍は新しい「仕掛け」を生み出していました。高速で飛んでいる敵機に射撃を命中させるのは、それこそ「名人芸」のような高い技術が求められます。でも、そこまで全員の練度を上げるのは難しい。そこで米軍が開発したのが、「近接信管」と呼ばれるものです。これは、攻撃対象に命中しなくても、近くにある敵機を探知するだけで爆発するものでした。近くで爆発するだけでも、相手の機体には十分なダメージを与えることができるのです。

たとえばファストフードチェーンのマクドナルドは、簡単なマニュアルを用意することで、誰でも同じようにハンバーガーを作れるようにしました。この「近接信管」にも、それ

と同じような合理性を感じます。「命中しないのは腕が悪いからだ」とばかりに、ひたすら練度を高めることしか考えなかった日本とは、根本的な考え方が違ったのです。

そして現在も、日本人の考え方は基本的に変わっていないのではないでしょうか。仕事で何かミスが起きたとき、日本人は「心がけがなっていない」「技術や経験が不足している」といった具合に、個人に原因を求めがちです。誰がやってもミスの起こりにくいシステムを作ろうとはあまり考えません。

そういうことも含めて反省して初めて、過去の戦争を総括したことになるのだと私は思います。「過ちを繰り返しません」と言うなら、その過ちを生んだ思考法や行動パターンなどもあらためる必要がある。そうしなければ、「誰が総理大臣をやっても戦争をしない国」を作ることはできないのではないでしょうか。

第三章

アメリカは同じ過ちを繰り返す

——「戦勝国」の失敗の歴史

■アメリカは朝鮮戦争で何を学んだか

さて、次にアメリカの「戦後」を見てみましょう。この七九年間、良くも悪くもいちばん大きな影響力を世界に対して持っていたのは、日本だけではありません。世界全体の秩序が、アメリカの動向によって揺さぶられると言っても過言ではないでしょう。

前章では、戦争における合理性を日本と比較して、結果的には「さすがアメリカ」と賞賛するような形となりました。しかしアメリカはアメリカで、あの戦争の教訓を十分に活かしているとは言えません。新章と第一章で述べたとおり、勝った戦争の成功体験を平和に結びつけるのは難しいのです。

そもそも、第二次世界大戦で勝利を収めたアメリカは、一九四五年の終戦を境に何かを変える必要もありませんでした。敗戦、占領、新憲法制定、独立回復……といった激しい変化を味わった私たち日本人にとって「戦後」という時代区分は特別な意味がありますが、**アメリカ人にとっては戦前も戦後も基本的には地続きです。**

それもあって、第二次大戦後のアメリカは自分たちを「二度と戦争をしない国」にする努力などしていません。それどころか、終戦の五年後には次の戦争に首を突っ込み、そのため

166

に日本に事実上の「再軍備」を求めました。　前章でも紹介した朝鮮戦争です。

　第二次世界大戦後、それまで日本が統治していた朝鮮半島は、ソ連とアメリカによって北緯三八度線の北と南に分割占領されました。その後、一九四八年に大韓民国（韓国）と朝鮮民主主義人民共和国（北朝鮮）がそれぞれ独立を宣言し、三八度線は事実上の国境線となります。しかし双方とも、隣国政府を倒して朝鮮半島を統一することを目指していました。

　一九五〇年六月二五日、北朝鮮軍が砲撃を開始し、三八度線を越えまし

米ソの代理戦争となった朝鮮戦争。いまだに休戦状態で、南北間の緊張状態は続いている

167

た。駐留していた米軍が朝鮮半島から撤退した隙を突いてのことです。装備面ではソ連の支援を受けた北朝鮮軍のほうが圧倒的に上回っていたため、韓国軍は全滅寸前の状態まで追い込まれました。そこで慌ててマッカーサーが米軍を投入したのです。一方のソ連は自ら直接参戦せず、同盟関係にあった中国を参戦させました。

やがて戦争は膠着状態となり、一九五三年七月、三八度線に近い板門店で休戦協定が結ばれました。それによっていったん終結はしたものの、現在も韓国と北朝鮮の間は「休戦」状態が続いています。

では、アメリカはこの戦争で何を学んだのでしょうか。負けたわけではないので、参戦したこと自体は失敗だと思っていません。反省すべきことがあるとしたら、朝鮮半島から引き揚げたことで、北朝鮮軍の三八度線越えを許してしまったことです。**東西冷戦体制下では、常に最前線に米軍を配備しておかなければ、いつ東側の攻撃を受けるかわからない**——これが、朝鮮戦争からアメリカが得た教訓でした。

■戦争の禁じ手「戦力の逐次投入」で泥沼に落ちたベトナム戦争

その教訓があったからこそ、アメリカは次のベトナム戦争に介入したとも言えるでしょ

168

う。西側の権力がおよばない空白地帯を作ることができなかったのです。

第二次大戦が始まるまで、ベトナムはフランスの植民地でした。正確に言うと、カンボジアとラオスを含む「フランス領インドシナ連邦」の一部ということになります。しかし大戦が始まり、フランスは一九四〇年六月にドイツに降伏しました。そこでフランス領インドシナ連邦に進駐したのは、ドイツと同盟を結んでいた日本軍です。

その日本が戦争に負けて撤退すると、ベトナム民主共和国の独立を宣言したホー・チ・ミン率いるベトナム独立同盟（ベトミン）と、かつての宗主国として戻ってきたフランスの間で戦争（第一次インドシナ戦争）が始まりました。この戦争は一九四六年から八年間続き、フランスの敗北で終わります。勝敗を決定づけた「ディエンビエンフーの戦い」では、基地をベトミンに取り囲まれたフランス軍が補給路を断たれ、一万人もの兵士が捕虜になりました。世界の戦争史上でも最大の捕虜数です。

フランスが撤退した後、ベトナムは南北に分断され、南側にはアメリカの支援を受けたベトナム共和国（南ベトナム）が成立しました。しかしベトナム民主共和国（北ベトナム）との統一を求める南ベトナム解放民族戦線が登場し、内戦状態となります。「南北の衝突」とい

こうなると、アメリカは黙って見ているわけにはいきません。北朝鮮と同様、北ベトナムの後ろ盾はソ連ですから、放っておけば南ベトナムだけでなく東南アジア全体が共産化して「東側」になるおそれもある。そこが東西冷戦の「最前線」になったわけです。そのためアメリカは、ジョン・F・ケネディ大統領時代の一九六一年から軍事顧問団を送り込むなどして南ベトナムを支援し始めました。

米軍が本格的に参戦したのは、暗殺されたケネディに代わってジョンソンが大統領になってからのことです。きっかけは、一九六四年に起きたトンキン湾事件でした。米軍の艦船が北ベトナム軍の魚雷攻撃を受けた事件です。後に、この事件の一部はアメリカ側の勘違いだったことが明らかになりました。ただし最初の攻撃は、北ベトナム側がアメリカの艦船を南ベトナムの艦船と誤認したものだったようです。

ともあれ、ここからアメリカはベトナム戦争の泥沼にはまっていきました。そこでアメリカが犯したミスは、前章でも触れた「戦力の逐次投入」にほかなりません。日本軍と同じ失敗を、実は米軍もやっていたのです。

一挙に増員できなかったのは、現場の状況が本国へ正確に伝わらなかったことが一因でしょう。現場は撤退命令を受けたくないので、戦況が悪くても「負けています」とは伝えませ

ん。「もう少し援軍があれば勝てます」という言い方をします。それを信じて本国は数万人程度の増員を行うのですが、劣勢を挽回するにはそれでは足りない。そこでまた「もう少しいれば勝てます」と言われて、また増員する。そうやって戦力を逐次投入しているうちに、ふと気づくとアメリカは全体で五〇万人もの兵士をベトナムに送り込んでいました。

しかし、いくら逐次投入されたとはいえ、それだけの米軍を相手にして負けなかったベトナム軍の強さは相当なものです。北ベトナムには「北爆(ほくばく)」と呼ばれる大規模な空爆も行われましたが、ベトナムは巧妙なゲリラ戦によって米軍を苦しめました。また、アメリカ国内では厭戦ムードが高まり、ベトナム反戦運動も盛り上がります。

ニクソン大統領の時代になると、アメリカはキッシンジャー大統領補佐官を中心に和平交渉を始めました。そこから四年以上の時間がかかりましたが、一九七三年一月にパリ和平協定が結ばれます。これによって、米軍はベトナムから撤退しました。その後も南ベトナムでの内戦は続き、一九七五年四月には南ベトナムの首都だったサイゴンが陥落。翌年四月には南北統一選挙が実施され、北ベトナムが南ベトナムを吸収する形で、ベトナム社会主義共和国が成立しました。

■ベトナムの反省から湾岸戦争勝利へ。しかし……

ここで初めて、アメリカは自分たちの戦争を反省します。ただし、ベトナムでの苦い経験によって「二度と戦争をするまい」と考えたわけではありません。「勝てない戦争はもうやりたくない」というのが本音でしょう。だから、次はどうすれば勝てるのかを考えた。「なぜ負けたのか」を自ら反省するあたりは、戦後日本と違うところです。

その反省を活かして勝利したのは、一九九一年の湾岸戦争でした。

事の発端は、一九九〇年八月。イラクが隣国のクウェートに侵攻し、併合を発表したことです。国連の安全保障理事会はイラクに即時撤退を求め、イラクに対する経済制裁も発表しました。国際社会が一致して紛争解決の努力を始めたのは、第二次大戦後では初めてのことです。そのためアメリカは、国連のお墨付きを得た多国籍軍を結成することができました。

これは、東西冷戦のために国際社会が二分されていたベトナム戦争と大きく違います。

ブッシュ（父）米大統領は、イラクのクウェート侵攻から半年後に、米軍をサウジアラビアに展開しました。このことが禍根（かこん）を残すことになるのですが、それについてはまた後でお話ししましょう。そこを拠点に三四カ国からなる多国籍軍が作られ、一九九一年一月一七日にイラクへの攻撃が始まったのです。

その時点で、多国籍軍はイラク周辺に数十万人の兵力を配備していました。時間をかけて十分な兵力を集めて、敵を一挙に叩き潰す——ベトナム戦争で失敗した「戦力の逐次投入」とは正反対のやり方です。

多国籍軍の目論見どおり、この戦争はあっという間に決着がつきました。多国籍軍は、まず空爆を一カ月以上にわたって実施し、イラク国内の軍事施設を軒並み破壊。二月下旬には地上戦に突入し、三日後にクウェート市が解放されます。イラクのサダム・フセイン大統領は敗北を認め、開戦から二カ月も経たない三月三日に暫定的な停戦協定が結ばれました。これだけうまくいけば、アメリカがここで「ベトナム戦争の

湾岸戦争で多国籍軍の空爆を受けているイラクの首都バグダッド。この戦争に、日本は多額の資金を提供した

トラウマから脱した」と言われたのも当然でしょう。

しかし、**この戦争は次に起こる悲劇の火ダネを残しました**。それが、米軍のサウジアラビア駐留です。

メッカとメディナという二大聖地を抱えるサウジアラビアは、イスラム教徒にとって特別な国ですから、異教徒の軍隊は歓迎されません。しかしサウジアラビアの国王は、イラクがクウェートの次に自国を攻撃するのを恐れて、米軍に助けを求めました。それに対して猛反発したのが、あのオサマ・ビンラディンです。

国王を激しく批判したビンラディンは、国籍を剥奪されて追放されました。それから彼はいったんスーダンに行き、やがてアフガニスタンに入ります。そこでビンラディンを受け入れたのが、タリバンにほかなりません。つまり、**アメリカの勝利で終わった湾岸戦争は、一〇年後に起こる9・11同時多発テロの伏線になっていたのです**。

■**アメリカとオサマ・ビンラディンは「反ソ」で共に戦っていた!?**

では、なぜビンラディンはそこまで激しい反米思想を抱くようになったのか。また、どうしてアフガニスタンにタリバンというテロ集団が生まれたのでしょう。現在のIS（いわゆ

174

るイスラム国）問題にもつながる話です。その一連の流れを理解するには、話をソ連のアフ
ガニスタン侵攻まで戻さなければいけません。

新章と第一章で述べたとおり、ソ連は二七〇〇万人もの戦没者を出した第二次大戦の教訓
によって、自国の周辺に緩衝地帯を設けようとしました。そこで、南にあるアフガニスタン
を自国に従う国にしようとしてクーデターを仕掛けます。

でも、それを繰り返しているうちにアフガニスタン国内が混乱し、コントロールできなく
なりました。それで危機感を抱き、無理やりにでも言うことを聞かせようと軍事侵攻に走っ
たのです。表向きは「アフガニスタン政府から救援を要請された」とのことでしたが、侵攻
した途端に同国の大統領を殺したりしているのですから、やっていることはまったく逆でし
た。

もともとアフガニスタンは穏やかな王国でしたが、当時のソ連は無神論の国ですから、敬
虔（けん）なイスラム教徒たちがその侵攻に反発しないわけがありません。特に若者たちは、**「神を
信じない国の軍隊」**に猛烈な反抗心を抱き、反ソ連の行動を起こします。

それに目をつけたのが、アメリカでした。アメリカはベトナム戦争で、ソ連の支援を受け
た解放戦線に翻弄（ほんろう）され、莫大な損害を被っています。だから今度は、「アフガニスタンをソ

連にとってのベトナムにしてやろう」と考えたのです。当時はまだ東西冷戦の真っ最中ですから、反ソ勢力に肩入れすることで敵に打撃を与えようとしたのです。

その反ソ勢力の中心になったのが、「ムジャヒディン（イスラム聖戦士）」と呼ばれた反政府勢力です。彼らが立ち上がったことで、イスラム各国から大勢の若者がアフガニスタンに駆けつけました。その中のひとりが、サウジアラビアのオサマ・ビンラディンです。彼は「サウジ・ビンラディン・グループ」という巨大建設会社を経営する人物の御曹司（おんぞうし）ですから、大変な資金力を持っていました。

そのムジャヒディンがソ連と戦う上で必要なのは、何といっても武器でした。最新兵器で武装したソ連軍は、「空飛ぶ戦車」と呼ばれた巨大なヘリコプターで攻めてきます。軽武装の若者たちでは太刀打ちできません。

そこでアメリカが彼らに与えたのが、スティンガー・ミサイルという武器でした。これは実に取り扱いが簡単で、飛んでくるヘリコプターのほうへ向けてボタンを押すだけで自動的に熱を感知してロックオン（狙いを定めること）してくれます。ロックオンしたことが確認できたら、あとは発射ボタンを押すだけ。ミサイルが勝手に飛んで行って、ヘリコプターを撃墜するのです。これが大量にムジャヒディンの手に渡ったことで形勢が逆転し、ソ連軍は

大打撃を受けて撤退しました。

■「タリバン」はパキスタンが作り上げた

アメリカにとっては、これで目的達成です。「代理戦争」でソ連に打撃を与えたら、もうアフガニスタンに用はありません。そのため、アフガニスタン情勢に対する興味をすっかり失ってしまいました。オサマ・ビンラディンをはじめ、各国からムジャヒディンの応援に駆けつけた人々もアフガニスタンを去ります。

しかし当のアフガニスタンは、ソ連軍がいなくなっただけで平穏になったわけではありません。ここの人々は、タジク人、ウズベク人、パシュトゥン人、ハザラ人という四つの民族に大別されます。ソ連撤退後は、それぞれの民族が対立して内戦状態になりました。アメリカからもらった武器はそのまま残っていますから、殺し合いも激しいものにならざるを得ません。

この混乱状態に、今度はお隣のパキスタンが目をつけます。パキスタンはインドと何度も戦争をして、そのたびに痛い目に遭ってきました。今後のことを考えると、アフガニスタンにインド寄りの政権ができては困ります。インドと対峙した場合、アフガニスタンはパキス

タンの背後に位置しますから、そこに反パキスタン政権があったのでは、インドとの戦争に集中できません。だからパキスタンは、ソ連撤退後の混乱に乗じて、アフガニスタンに自国寄りの政権を成立させようと考えたのです。

ちなみにパキスタンには、アフガニスタンがソ連軍と戦っている間に、資金や武器が蓄積されていました。アメリカがパキスタン経由でそれをアフガニスタンに送り込んでいたからです。アフガニスタンは内陸国なので、海から援助物資を届けるわけにはいきません。しかも北側のソ連だけでなく、西側のイランも反米国家ですから、パキスタンを経由する以外にルートがなかったのです。

そのアメリカからの資金や武器の一部が、パキスタンのISIという軍の情報機関に横流しされていました。ひどい話ですが、それが国際社会の現実なのでしょう。アメリカも、そうなることはある程度まで想定したかもしれません。

ともあれ、パキスタンはその資金と武器を使ってアフガニスタンに影響力を行使しようとしました。とはいえ、自分たちで攻撃するわけではありません。

当時、パキスタンにはアフガニスタンから大勢の難民が流入していました。その難民キャンプに、イスラム神学校が作られました。そこでは、パキスタンのイスラム教徒の中でもい

178

ちばん過激な思想を持つ「デオバンド派」が、難民の子どもたちに極端な原理主義を教え込んでいました。

そこで育った若者たちに、パキスタンは資金と武器を与えます。これが、あの「タリバン」にほかなりません。タリバンとは、「学生」を意味する「タリブ」の複数形です。

■ **アメリカが育てたテロリストが9・11を起こす皮肉**

突如としてアフガニスタンに現れたタリバンは、最新の兵器を駆使して、内戦に参入しました。彼らは戦車まで所持していましたし、ほかの勢力と違って統制も取れています。それまで殺し合っていた軍閥たちはあっという間に蹴散らされ、タリバンがアフガニスタンの大部分を支配しました。北へ逃げた

アフガニスタン民族分布図

ウズベク人

キルギス

トルクメニスタン

ウズベキスタン

タジキスタン

中　国

ハザラ人

タジク人

アフガニスタン

パシュトゥン人

イ　ラ　ン

インド

パキスタン

タジク人やウズベク人たちは、反タリバンで結束して「北部同盟」と呼ばれるようになります。

支配地域では、タリバンが徹底的なイスラム原理主義による統治を始めました。特に自由を奪われたのが、女性たちです。

ちなみに、二〇一四年にノーベル平和賞を受賞したマララ・ユスフザイさんを二〇一二年に銃撃したのは、パキスタンのTTP（パキスタン・タリバン運動）というグループでした。アフガニスタンのタリバンとは別組織ですが、その基本的な思想は同じ。ですからタリバンに支配されたアフガニスタンでも、「女性にも教育を」などと言えるわけがありません。「女性は大切にしなければいけない」「外出時はブルカ（全身を覆う布）をかぶらなければいけない」「女性は大切にしなければいけない」と言えば聞こえはいいものの、そのため女性は「外で働かず家にいなければいけない」「外出時はブルカ（全身を覆う布）をかぶらなければいけない」「学校教育など必要ない」といった抑圧を受けることになりました。

そんなタリバンのアフガニスタン支配が定着した頃に起きたのが、イラクのクウェート侵攻です。先ほど述べたとおり、米軍駐留に反発してサウジアラビアから追放されたオサマ・ビンラディンをタリバンは客人として受け入れました。

ちなみに、タリバンの主体はパシュトゥン人という民族です。パシュトゥン人は、もとも

180

とアフガニスタン東部からパキスタン西部にかけて居住していました。イギリスが勝手な都合でそこに国境線を引いたから「パキスタン人」と「アフガニスタン人」になっただけのことです。

パシュトゥン人の掟（おきて）では、客人は命をかけても守らなければなりません。タリバンから大切にもてなされたビンラディンは、そこを拠点にしてイスラム過激派による反米ネットワークを築きました。それが、二〇〇一年九月一一日のアメリカ同時多発テロを計画・実行した「アルカイダ」です。

アメリカは、ソ連を懲らしめるためにアフガニスタンの反政府勢力を支援したことで、結果的にオサマ・ビンラディンというテロリストを育てました。その男が湾岸戦争を境に反米に回

イスラム過激派主義組織アルカイダの司令官だったオサマ・ビンラディン。2011年5月に暗殺される

181

り、その主導によってアメリカ本土がテロにさらされたのですから、皮肉なめぐり合わせと言わざるを得ません。

テロを受けたアメリカのブッシュ（子）大統領は、アフガニスタンのタリバン政権に対して、首謀者のビンラディンを引き渡すように要求しました。しかしパシュトゥン人の掟があるので、タリバンは客人を引き渡すことなどできません。

そのためブッシュ政権は、テロリストを匿うタリバン政権も同罪と見なして、アフガニスタンを攻撃しました。それによって、タリバン政権はいったん崩壊します。パキスタンへ逃げたビンラディンはその後、アボタバードの隠れ家に潜んでいるところを米軍特殊部隊によって殺害されました。

タリバンが崩壊すると、今度は北部同盟が息を吹き返して新しい政権を作ります。その時点で米軍は次のイラク戦争に向かい、アフガニスタンの治安維持はNATO軍に委ねられました。でも、そのままタリバンが消えたわけではありません。次第に勢力を回復し、アフガニスタンでは内戦状態が続きます。そのため第一章で紹介したように、リトアニア人の兵士がアフガニスタンで命を落とすようなことも起きているわけです。

■フセイン政権を倒したためにイスラム原理主義勢力が台頭したイラク

前にもお話ししたとおり、ブッシュ（父）大統領時代の湾岸戦争と、ブッシュ（子）大統領時代のアフガニスタン戦争とイラク戦争は、同じアメリカの戦争でもまったく違うものでした。父親はベトナム戦争の失敗を教訓にして短期間で勝利しましたが、息子のほうは父親がなぜ成功したのかを理解していなかったのでしょう。湾岸戦争の勝利による自信だけで突っ走ってしまったため、またしてもベトナム戦争のような失敗を繰り返してしまったのです。

イラク戦争は、「フセイン政権が大量破壊兵器を所持している疑いがある」ことが

バグダッド市内を警備する駐留米兵。アメリカの思い込みから始まったイラク戦争が、また新たな争いを生んでしまうことに

アメリカの大義名分でした。大量破壊兵器とは、核兵器や毒ガス兵器などのことです。国連の査察団は、湾岸戦争後の査察でイラクがそれを製造しようとしていることを察知し、中止命令を出しました。その後も定期的に査察を行っていたのですが、あるときからフセイン大統領がそれを拒否します。査察を受けないということは、また大量破壊兵器を製造し始めたに違いない——それでアメリカはイラクを攻撃したわけです。

しかしフセイン政権を倒した後に調べてみると、イラクは大量破壊兵器を作っていませんでした。フセインが国連の査察を拒んだのは、大量破壊兵器を持っている「ふり」をするためでした。査察を受けて、大量破壊兵器が「ない」ことが確認されると、周辺国への抑止力が失われてしまう。それが「ある」と思わせたほうが、自国を防衛する上で都合がよかったと考えていたのです。

では、アメリカが誤解に基づく戦争を仕掛けてフセイン政権を打倒したことで、中東情勢はどうなったか。掲げた大義名分が間違っていたのなら、せめてそれによって良い変化が起きてほしいと思う人もいるかもしれません。

フセイン政権には、たしかに強権的な性質があったでしょう。しかし、それによってイラク国内が安定していた面もありました。**フセイン大統領はイスラム原理主義勢力を嫌い、徹**

184

底的に弾圧していたからです。秘密警察の監視が厳しく、原理主義的な行動を起こせば捕まって処罰される。そのため、過激な連中は活動できなかったのです。

ところがフセイン大統領がいなくなると、その過激派たちが一気に台頭してきました。しかも、「大量破壊兵器はあるはずだ」などと言いがかりをつけてイスラム世界を攻撃した異教徒のアメリカを倒すのは、彼らにとって「聖戦」です。そのためイラクは、反米を標榜するイスラム過激派の巣窟（そうくつ）のようになってしまいました。

■ＩＳ＝「イスラム国」とは何か

そんなイラクで発生したのが、日本人青年殺

米軍に引き倒され落下するサダム・フセイン大統領の銅像

害事件です。日本は二〇〇三年に小泉純一郎内閣がイラク特措法（イラクにおける人道復興支援活動及び安全確保支援活動の実施に関する特別措置法）を制定し、イラクのサマワに自衛隊を派遣して復興支援を行っていました。そのため日本人もテロリストのターゲットになり、二〇〇三年一一月には奥克彦駐英参事官と井ノ上正盛駐イラク三等書記官が射殺されています。

そして二〇〇四年一〇月、「イラクの聖戦アルカイダ組織」を名乗る小さな過激組織が、当時二四歳だった香田証生さんを人質に取り、「自衛隊を撤退させなければ殺害する」と日本政府を脅迫しました。日本政府はさまざまなルートを通じて人質の解放交渉を行いましたが、自衛隊撤退の要求には応じません。結局、香田さんは殺害されてしまい、その映像がインターネット上に公開されるという痛ましい結果になりました。

この話で、二〇一五年の事件を思い出す人も多いでしょう。ISを名乗る過激派組織が、湯川遥菜さんと後藤健二さんという二人の日本人を拉致して殺害した事件です。こちらも、拘束された二人の姿や残酷な殺害映像がインターネット上に流された事件です。その手口からわかるとおり、香田さんを殺害した組織が、現在のISの母体のひとつにほかなりません。それが「イラクとシ

彼らは当初、「イラクのイスラム国（ISI）」を名乗っていました。

リアのイスラム国（ISIS）」になったのは、二〇一〇年から二〇一二年にかけて起きた「アラブの春」がきっかけです。チュニジアのジャスミン革命から始まった反政府デモは、エジプト、リビアに波及し、やがてシリアにも飛び火しました。それをアサド政権が弾圧したことで、シリア国内は内戦状態となります。

ここで、サウジアラビアやカタールが反政府勢力を支援しました。イスラム教には「スンニ派」と「シーア派」の二大勢力がありますが、アサド政権はシーア派系です。それに対してサウジアラビアとカタールはスンニ派が権力を握っているので、アサド政権を打倒しようという側に回ったのです。

この騒動に目をつけたのが、ISでした。彼らはスンニ派が中心ですから、本来はサウジアラビアやカタールと同じくアサド政権と対立し、反政府勢力を支援すべき立場。ところが名前を「イラクとシリアのイスラム国」に変えたISは、反政府勢力まで攻撃して資金や武器を奪ったのです。そうやって力をつけたISがイラクに戻ると、怖じ気（お）づいたイラク軍が逃げ出してしまいました。

イラクはもともと、シーア派が国民の六割を占めていました。しかしフセイン政権時代は少数派のスンニ派がシーア派を無理やり押さえつけていました。そのフセイン政権をアメリカ

が倒し、民主的な選挙を行ったのですから、当然、政権はシーア派が握ります。それでも少数派に配慮した政策を行えばいいのですが、マリキ首相はあからさまにシーア派を優遇しました。

ですから、イラクでは警察や軍隊もすべてシーア派になりました。ところが、ISが戻ってきた地域はもともとスンニ派の人々が暮らす地域。シーア派の軍隊にしてみれば、「自分の国」という意識がありません。命懸けで守る気などないので、強そうなISが戻ってきたところで、武器や弾薬も放り出して逃げてしまったのです。

イラク軍が放り出した武器は、米軍がイラクから撤退するときに残していった最新兵器です。それによって、ISはますます強力なテロ組織になっていきました。

こうして振り返ると、**アメリカが中東に手を出すたびに、あの地域にイスラム過激派が育ってきた**ことがよくわかるでしょう。アメリカは結果的に、アフガニスタンのタリバンにもISにも武器を提供してしまいました。9・11を起こしたアルカイダは湾岸戦争がきっかけで誕生しましたし、そのテロへの報復として行ったイラク戦争はISを台頭させる要因を作ってしまったのです。

■トランプ大統領は「シリアからの撤退」を表明したが……

シリアの内戦で、アメリカは反政府勢力を支援します。それでもオバマ大統領時代は直接的な武力介入をしなかったのですが、二〇一六年の大統領選挙でドナルド・トランプが当選すると、二〇一七年四月と翌二〇一八年四月、シリアに向けて巡航ミサイルを発射しました。アサド政権が化学兵器を使った、というのが理由です。こうした内戦状態による混乱が、シリアでISが台頭する要因でもあったのです。

アメリカはISを打倒するため、ヨーロッパや中東諸国と「有志連合」を組織してシリアにあるISの拠点へ攻撃を続けてきました。そして二〇一八年一二月に「われわれはISに完全に勝利した」と、トランプ大統領はシリアから米軍が撤退することを表明します。

しかし、これでISという過激派組織が根絶やしになったわけではありません。スリランカで二五〇人を超す犠牲者を出した爆破テロ事件も起きています（二〇一九年四月）。この事件でISは犯行声明を出しています。アメリカが中東に撒いた火種は地球上に飛び散って、いまだにくすぶり続けているようです。

第二次大戦後、アメリカが過去の教訓を活かして成功させた戦争は、湾岸戦争ただひとつでした。しかしその湾岸戦争さえ、現在の中東をめぐる混乱の引き金になっています。この

189

「負の連鎖」をどこかで止めなければ、平和な世界は訪れそうにありません。アメリカには、この七九年間に自分たちがやってきた戦争を真摯に振り返り、本当の意味の教訓を得てほしいのですが。

第四章 東西冷戦

——実は今まで続いていた

■そもそも、なぜアメリカとキューバは対立関係になったのか

二〇一四年一二月、アメリカのオバマ大統領が重大な発表をしました。キューバと国交正常化に向けた交渉を開始するというのです。

その言葉どおり、翌二〇一五年四月には、キューバのラウル・カストロ国家評議会議長とオバマ大統領の首脳会談が行われました。一九六一年に国交を断絶して以来、両国のトップが会談したのはこれが初めてです。

さらにアメリカは、キューバに対するテロ支援国家の指定を解除。さらにキューバへの経済制裁も解除し七月二〇日、正式に国交を回復しました。

しかし、これだけ聞かされても、そこにどんな意味があるのかピンと来ない人は多いと思います。私自身は、一連のニュースを見聞きして「時代は変わるものだな」と感慨深いものがあります。私ぐらいの年代にとっては、ベルリンの壁が崩壊したことに次ぐレベルの驚きです。

でも、テレビ局の若いスタッフには「これって、そんなに大きなニュースなんですか？」と聞かれました。昔からの経緯を知らない世代から見れば、経済的にも軍事的にも世界最強の大国が、カリブ海に浮かぶ小さな島国と対立関係にあることが、不思議に感じられるでし

192

よう。

このニュースの意味を理解するには、その背景にある「東西冷戦」のことを知る必要があります。

ベルリンの壁が崩壊したのは一九八九年ですから、冷戦体制などすでに大昔の話だと思っていた人も多いでしょうが、その残滓はまだアメリカとキューバの間に残っていました。戦後七九年の世界情勢は、これを抜きに語ることができません。

東西冷戦が「資本主義」対「社会主義」の対立であり、それぞれの陣営の親玉であるアメリカとソ連の対立だったことは、よく知られているでしょう。これまで見てきたように、アメリカは社会主義の勢力拡大を防ぐた

国交正常化に向けて会談を行ったオバマ米大統領（右）とキューバのカストロ国家評議会議長（左）

めに、朝鮮戦争やベトナム戦争、アフガニスタンへの介入などを行ってきました。

■ **冷戦構造は、ひとつの論文から生まれたものだった**

では、アメリカはなぜそこまでソ連や社会主義を警戒したのでしょう。そのきっかけになったのは、第二次大戦後に書かれたひとつの論文です。

一九四七年、アメリカの外交問題評議会が発行する『フォーリン・アフェアーズ』という雑誌に「ソヴィエトの行動の源泉（The Sources of Soviet Conduct）」と題する論文が掲載されました。この雑誌は、アメリカの外交方針を決める上で現在でも大きな影響力を持っています。大きな方針転換があるときは、まず誰かが個人の責任でここに論文を発表し、反応を見る。いわば観測気球のようなものです。その内容が高く評価されると政策として具体化されるので、アメリカの外交政策を占う上では必読の雑誌。私も日本語版を購読しています。

その雑誌に掲載されたとき、「ソヴィエトの行動の源泉」の著者は匿名の「X」とされていました。そのため「X論文」とも呼ばれています。ただし当初から、執筆者が誰であるかは知られていました。当時、アメリカ国務省の政策企画本部長を務めていたジョージ・F・ケナンという人物です。

モスクワに何度も赴任し、大使館勤務も経験したケナンは、アメリカの国務省でも指折りのソ連通でした。そのケナンが一九四六年にモスクワから本国に送った長文の電報が、「X論文」の原型です。その電報には、アメリカの常識が通用しないソ連という国家が世界制覇を目指して膨張しており、これに対しては徹底的な封じ込めが必要であることが書かれていました。「ソ連と資本主義国とは共通の目的を持ち得ない」「米国はソ連を、協力者ではなく対抗者だと考えねばならない」というのです。

これを受けて、トルーマン大統領は一九四七年に「トルーマン・ドクトリン」と呼ばれる共産主義封じ込め政策を発表しました。これは、アメリカが「モンロー・ドクトリン」から転換したという意味でも、大きな分岐点だったと言えるでしょう。

それまでアメリカは、一八二三年にモンロー大統領が宣言した考え方に基づき、ヨーロッパ諸国の紛争に干渉しない方針を基本としていました。これを「モンロー主義」や「孤立主義」と言います。しかしアメリカはトルーマン・ドクトリンに基づいて、共産化のおそれがあったギリシャとトルコに経済援助を行いました。そこで歯止めをかけなければ、ヨーロッパ全体でドミノ倒しのように共産主義が広がると考えたのです。

こうした動きによって、東西冷戦の枠組みができあがりました。ソ連の「魔の手」から守

らなければいけないのは、ヨーロッパだけではありません。アジアやアフリカなどにも進出しないように、ソ連を封じ込める必要がある。アメリカはそうやって、世界中に警戒の目を光らせることになりました。

■米ソが選択した「恐怖の均衡」

その米ソ対立が「冷戦」と呼ばれたのは、両国が直接戦火を交えるわけにはいかなかったからです。ちなみに「冷戦（Cold War）」の名付け親は政治評論家のウォルター・リップマンと言われています。第二次大戦の終盤にアメリカが日本に原爆を投下したときから、世界は「核の時代」に突入していました。アメリカもソ連も核保有国ですから、両者が「熱い戦争」を起こせば、大規模な核戦争になりかねません。これは、ほとんど人類社会の終わりを意味する戦争だと言っていいでしょう。

ならば、それを避けるためにお互いが核兵器を放棄できればよいのですが、現実はそうはいきません。実際に米ソが選択したのは「恐怖の均衡」でした。**双方が相手に破滅的な損害を与えられるほどの核兵器を持つと、攻撃すれば自分たちも滅びてしまうので、お互いに相手国へミサイルを撃ち込むことができない。**その「恐怖の均衡」を保つ仕組みのことを、

「相互確証破壊」と言います。一方が核兵器を使えば、最終的に双方が核兵器によって完全に破壊し合うことをお互いに確認するのです。この相互確証破壊が成立すれば、理論上、その二国間で戦争は起きません。

しかし、これほど恐ろしいバランスもないでしょう。この相互確証破壊は英語で「Mutual Assured Destruction」。その頭文字は「MAD」となります。ちなみに「相互確証破壊」は英語で「Mutual Assured Destruction」。その頭文字は「MAD」となります。まさに狂気をはらんだ危うい戦争回避方法と言わざるを得ません。何らかの形で相手の核攻撃を無力化することができれば、あっという間にその均衡が崩れて核戦争になる可能性が生じてしまうのです。

実際、米ソはやがてミサイル防衛システムの開発に乗り出しました。敵国が発射した核ミサイルを途中で撃ち落とす技術です。もし一方だけがこれを実現すれば、相互確証破壊が成り立ちません。反撃されても自国が全滅することはないのですから、核兵器による先制攻撃ができることになってしまいます。

そのため米ソは、ミサイル防衛もお互いに制限することにしました。一九七二年に締結されたABM条約（弾道弾迎撃ミサイル制限条約）によって、米ソは共に弾道弾迎撃ミサイルの配備基地を首都とミサイル基地の二カ所だけに限定したのです。さらに一九七四年には配備

基地を一カ所にする議定書が結ばれ、ソ連はモスクワ近郊、アメリカはノースダコタ州の空軍基地にミサイルを配備。冷戦終結後の二〇〇二年にアメリカが脱退したので、すでにこの条約は効力を失っていますが、そうやって「恐怖の均衡」を保ちながら、米ソは核戦争を避けていました。

■一九六二年、核戦争の危機が

しかし一度だけ、核戦争の勃発が現実味を帯びたことがあります。

それが、一九六二年一〇月に起きた「キューバ危機」でした。一〇月一四日から二八日までの二週間、冷戦下で米ソの緊張が最大限に高まり、その成り行きを世界中が固唾（かたず）を呑んで見守っていたのです。

では、なぜそれがキューバで起こることになったのでしょうか。それを理解するために、アメリカとキューバの関係をもう少し前から振り返ってみましょう。

キューバは、一五世紀のコロンブスの時代からスペインの植民地でした。しかし一九世紀の後半になると、独立を求めてスペインと戦争を始めます。一八六八年から一〇年ほど続いた第一次キューバ独立戦争では、スペイン当局から自治が認められました。

198

さらに一八九五年になると、完全な独立を求めて第二次キューバ独立戦争が起こります。

三年後の一八九八年にはキューバ独立軍が島の半分以上をスペインから解放し、勝利は目前となりました。この時点で、アメリカは関係がありません。

ところがその年の二月に、大事件が発生しました。アメリカ人の保護のためにハバナ湾に停泊していた米海軍の戦艦メイン号が、原因不明の爆発によって沈没したのです。アメリカ国内では、「これはスペインの仕業だ」という話になり、国民の怒りが沸騰。「新聞王」として知られるウィリアム・ランドルフ・ハーストが経営する大衆紙も「スペインをやっつけろ！」という一大キャンペーンを展開しました。

そんな世論の後押しを受けてアメリカはキューバの独立戦争に介入し、スペインとの間で「米西戦争」が始まります。米軍はあっという間にスペイン軍をキューバから追い払い、圧倒的な勝利を収めました。

これによって、アメリカはスペインの植民地だったフィリピン、グアム、プエルトリコを手に入れました。キューバは独立を果たしましたが、戦争の成り行き上、アメリカの支配下に入ります。制定されたキューバ国憲法には、国内の二カ所に米軍基地を置くことが盛り込まれました。

そのうちのひとつが、いまも存在する米海軍のグァンタナモ基地にほかなりません。ここには二〇〇二年にブッシュ（子）政権が設立した強制収容所があり、アフガニスタン戦争やイラク戦争で捕まったテロリストの容疑者が収監されました。アメリカの法律もキューバの法律も適用されず、拷問のような過酷な取り調べが行われていることで問題になりましたが、そのとき「なぜアメリカの収容所がキューバに？」と怪訝（けげん）に思った人も多いでしょう。

それは、米西戦争の遺産のようなものなのです。

■ **アメリカの経済制裁に苦しむキューバ。手を差し伸べたのは……**

そんなわけで、キューバは実質的にアメリカの半植民地になりました。せっかくスペインから独立したのに、これでは支配者が交代しただけです。アメリカが介入するまで敗色が濃厚だったなら話は別ですが、すでにキューバ軍は勝利目前でした。そのため、**メイン号の沈没事件は、キューバに介入する口実がほしかったアメリカによる自作自演だったのではないかという説もあります。**

キューバには、アメリカ資本が次々と進出しました。キューバで産業と言えるのは唯一サトウキビだけですが、それを原料とするアメリカの製糖工場も数多く作られます。しかもク

200

ーデターで政権を取ったバティスタという大統領は国民を弾圧し、憲法を停止して独裁体制を敷きました。当然、キューバ国民の不満は高まります。

そこで仲間たちと共に蜂起したのが、弁護士のフィデル・カストロでした。いったんは投獄され、恩赦で出てからはメキシコに亡命したカストロですが、アルゼンチン人のチェ・ゲバラと出会ってゲリラ戦の訓練を受け、キューバに戻ります。政府軍とのゲリラ戦に勝ったカストロは、一九五九年にキューバ革命政権を樹立し、首相に就任しました。

そのカストロが最初に手がけたのは、**アメリカ資本が握っていた土地や産業の国有化**です。自分たちが作った製糖工場もみんなキューバに国有化されてしまったのですから、アメリカが怒らないわけがありません。対抗措置として、経済制裁を始めました。キューバの砂糖を禁輸したのです。

こうなると、キューバもたまりません。製糖はほとんど唯一の産業ですから、大国のアメリカに砂糖を買ってもらえなくなると、経済的にはお手上げ状態です。

ここで横から助け船を出したのが、それまでまったく関係がなかったソ連でした。

「アメリカにいじめられてお困りでしょう。私たちが買いますから、どうぞ砂糖を輸出してください。石油もないなら、お安くお売りしますよ」

というわけで、キューバは一気に東西冷戦の「東側」に組み込まれたのです。**カストロが**
もともと社会主義者だったかどうかは、実はよくわかりません。革命に成功して反米国家に
なった結果、ソ連と同じ社会主義路線を進まざるを得なくなったという側面もあるでしょ
う。

しかしアメリカにとって、キューバは「裏庭」のような場所です。ヨーロッパやアジアが
共産化するのも防ぎたいのですから、そんなところにソ連の味方がいるのは許せません。自
国の安全保障の面からも危険が大きすぎます。

■「第三次世界大戦」は勃発寸前だった

一九六二年、キューバ上空を飛んだ偵察機は、大変な写真を撮影しました。ソ連軍の基地
が作られ、そこに核弾頭搭載可能なミサイルが運び込まれていたのです。

当時はまだアメリカもソ連も長距離ミサイルの技術を持っていませんでした。ですから、
どちらも本国から相手に核ミサイルを撃ち込むことはできません。でも、なにしろキューバ
はアメリカの裏庭ですから、そこにソ連軍の基地があれば、アメリカが一方的に不利になり
ます。ワシントンでもニューヨークでも、ソ連のミサイルが届いてしまう。これほど深刻な

脅威もありません。

激怒したアメリカ政府の中には「ミサイル基地を空爆すべし」という強硬論もありましたが、ケネディ大統領はまずキューバ周辺を海上封鎖し、臨検を実施することでソ連の艦船の入港を食い止めようとしました。一〇月二二日夜には、テレビ演説でキューバにソ連のミサイルが持ち込まれたことを発表。アメリカ国防総省が、戦争の準備態勢を五段階で示す「デフコン（Defense Readiness Condition）」を3から2に引き上げたこともあり、メディアでも核戦争の可能性が報じられました。私は小学校六年生で、「これで第三次世界大戦になったら僕の命もここまでだ」と思ったのを覚えています。

アメリカは国連安保理などを通じてソ連にミサイル撤去を要求しますが、ソ連側もトルコに配備されたアメリカのミサイル撤去を求めるなどしたため、交渉はなかなか進みません。そうこうしているうちに、一〇月二七日には米軍の偵察機がミサイルで撃墜される事態が発生します。一方の米軍も、海上封鎖線上でソ連軍の潜水艦に警告のための爆雷を投下しました。

おまけに、その潜水艦は核ミサイルを搭載していたのですから、そのときソ連の潜水艦は、爆雷の爆発音を聞いて「核戦争は後にわかったことなのですが、

が始まった」と勘違いしました。あらかじめ「核戦争が起きたら、ただちにアメリカに核ミサイルを発射せよ」との命令を受けていた潜水艦の幹部たちは、発射ボタンを押すべきかどうかで激しく対立します。最終的には参謀の「早まるな」という強い反対によって思い留まりましたが、**まさに第三次世界大戦は勃発寸前だったのです。**

しかしその翌日、ソ連のニキータ・フルシチョフ首相はキューバに配備したミサイルの撤去を発表しました。その後、アメリカ側もキューバへの武力侵攻をしないことを約束し、一九六三年にはトルコに配備したミサイルを撤去しました。また、このキューバ危機の教訓から、米ソの首脳が直接対話のできるホットラインが引かれています。

■CIAと大統領の「暗殺許可」

こうして米ソ間の核戦争の危機は去りましたが、アメリカとキューバの関係はますます悪くなりました。強力な指導力を持つカストロを亡き者にしようと、アメリカのCIAが次々と暗殺計画を立てたほどです。

当時のCIAは海外で勝手なことばかりしていたため、フォード大統領の時代には議会で公聴会が開かれ、過去のさまざまな暗殺計画が暴かれました。それを受けてフォード大統領

204

が「暗殺をしてはいけない」という命令を出したぐらいですから、まるで漫画の『ゴルゴ13』のような世界が現実にあったということでしょう。**カストロに対しては、大好きな葉巻に毒を仕込む、演説中のラジオのスタジオに精神が錯乱するガスを注入するなど、いろいろな作戦が行われました。**しかし、いずれも失敗に終わっています。

ちなみに暗殺禁止の大統領命令はその後もしばらく有効だったので、CIAは暗殺ができませんでした。クリントン大統領のときには、CIAがスーダンに潜伏中のオサマ・ビンラディンを発見しましたが、「いまなら殺せますがどうしましょう」と本国に打診している間に行方がわからなくなり、暗殺に失敗しています。もしビンラディンが逃げる前に大統領の許可が下りていれば、二〇〇一年の同時多発テロはなかったかもしれません。

その反省から、ブッシュ（子）大統領はCIAに海外での暗殺を許可しました。オバマ大統領もトランプ大統領もバイデン大統領もそれを取り消していないので、いまは各地でドローン（無人航空機）を使ったテロリストの暗殺が行われています。ドローンは空軍の所有物ですし、操縦も空軍のパイロットがしますが、暗殺の命令は文官であるCIAが出す。一応、いわゆる「文民統制」はできているわけです。

話をキューバに戻しましょう。

カストロ暗殺計画はうまくいきませんでしたが、アメリカはキューバに対する経済制裁をどんどん強めていきました。いまキューバに行くと、道路を走っているのは一九五〇年代のアメリカ車ばかりで、まるで「動く博物館」のような風情になっています。これはアメリカの経済制裁の結果です。キューバへの輸出は止められましたし、飛行機の直行便もありませんでした。第三国の船舶も、キューバに入港してから一八〇日間はアメリカの港に入れないことになっています。

それでもソ連が元気なうちは、キューバもアメリカに頼らずに生きていけました。社会主義国にしては珍しく明るい社会なので、世界から温かく見守られてきた面もあるでしょう。**ソ連はスターリンによる大量粛清、中国は文化大革命で殺し合うなど、社会主義国には暗いイメージがありますが、キューバだけはラテンアメリカらしい開放感があり、政治的な腐敗もほとんどありません。**

スポーツの世界でも目立った活躍をするので、なんとなく、資本主義国から見ても憎めないところがある。そのため、日本も含めて世界中から、サトウキビを刈るためのボランティアが応援に駆けつけることもありました。

206

■アメリカ大統領は「二期目」に動く

しかし冷戦が終わってソ連が崩壊すると、キューバも苦境に立たされます。ソ連崩壊を受けて成立したロシア（ロシア共和国）は余裕がないので、石油は国際価格で買わなければなりませんし、砂糖も買ってもらえません。

そのため、キューバの財政は厳しくなりました。革命記念日のキューバ軍のパレードは、石油が手に入らないので戦車などは動かせず、兵士たちが自転車に乗って行進したほどです。「銀輪部隊」と言えば聞こえはいいでしょうが、物悲しいものがあります。

そのキューバとアメリカが国交回復に向けて動き出した背景には、三つの要因が考えられるでしょう。

ひとつは、キューバの苦境です。ソ連崩壊後も、キューバはベネズエラの支援を受けていたので、まだアメリカに頼る必要はありませんでした。中南米にはカストロという人物に心酔している人々が多く、ベネズエラの故チャベス大統領もそのひとり。産油国のベネズエラがキューバに石油を送り、医療体制の充実しているキューバは医師や看護師をベネズエラに送るという協力関係ができていました。

ところが、二〇一三年以降にアメリカやカナダで、シェール革命が起きたことで、石油の

国際価格が暴落します。シェール革命は、地下二〇〇〇メートル付近のシェール（頁岩〈けつがん〉）層から石油や天然ガスを取り出す技術が確立したことで起きました。石油が大量に採れるようになり、石油価格が暴落したのです。それによって、ベネズエラは国家が破綻〈はたん〉する寸前まで追い詰められてしまい、もうキューバを支援する余裕がありません。最後の後ろ盾を失ったキューバは、国民生活を維持するために何か手を打たなければならなくなりました。

第二の要因は、アメリカのオバマ大統領が二期目を迎えたことです。**二期目の米大統領は、もう再選がないので、歴史に名を残すような業績を求めるのが常です。** たとえばクリントン大統領は、最終的には時間切れでうまくいきませんでしたが、パレスチナ問題の解決に全力を尽くしました。ブッシュ（子）大統領は、「北朝鮮を平和な国にした」という結果を残したくて、核開発を止めさせようと北朝鮮に対するテロ支援国家の指定を外したのですが、これは大失敗だったとしか言いようがありません。歴史に名を残すのもなかなか難しいわけですが、ともあれオバマ大統領はキューバとの関係改善を「遺産」にしようと考えたのでしょう。たしかに、国交回復と経済制裁の緩和、いわゆる「雪解け」は、オバマ政権の外交政策として評価されました。

さらにそこには、もうひとつの追い風が吹きました。

バチカンのフランシスコ教皇がアメ

リカとキューバの仲介に乗り出したのです。キューバは宗教と距離を置く社会主義国ではありますが、もともとスペインの植民地だったので、基本的にはカトリックの国。南米アルゼンチン出身の教皇にとっては、放っておけない存在なのでしょう。

オバマ大統領としても、教皇に「そろそろ仲直りをしたらいかがですか」と声をかけられれば、その立場を尊重しなければいけません。国交回復を進める口実のひとつとして、たいへん都合がよかったのでしょう。

ところがトランプ大統領になるとアメリカは態度を豹変、オバマ政権の対キューバ政策を否定して、渡航や送金を規制するなど、それまで緩和していた制裁を再び強化すると表明しました。この背景には、キューバと関係の深いベネズエラをめぐるロシアとの駆け引きがあるのですが、大国となった中国の動きと併せ、現代を「米中露の新冷戦」とする論調も目立つようになりました。

■東西冷戦の終結で生まれたグローバル経済

東西冷戦は、一九八五年にミハイル・ゴルバチョフがソ連共産党書記長に就任し、「ペレストロイカ（再構築）」という言葉を掲げて大きな改革に着手したところから、終結に向か

い始めました。一九八九年には、ポーランド、ハンガリー、チェコスロバキア、ルーマニアなどの東欧諸国で社会主義政権が相次いで倒れ、ドイツでは冷戦のシンボルだったベルリンの壁が崩壊。その年の一二月には、ゴルバチョフとブッシュ（子）米大統領がマルタ島で冷戦の終結を宣言しました。その後もアメリカとキューバの間には大きな溝が横たわっていたわけですが、ここで「雪解け」を迎えれば、**本当の意味で「冷戦が終わった」**と言えるかもしれません。

しかし米ソの「恐怖の均衡」による緊張状態がなくなったことは、現在の世界に別の歪みももたらしました。両大国のタガが外れて、中東をはじめとする地域紛争が噴出したことだけではありません。

たとえばアメリカでは、それまでミサイル防衛などの研究に携わっていた物理学者や数学者が大量に仕事を失いました。その優秀な頭脳の受け皿になったのが、金融界です。もともと金融工学は、優秀な科学者を集めて原爆を製造したマンハッタン計画から派生したと言われていますから、両者は相性がよいのでしょう。

彼らの手によって、金融派生商品の価格づけに関わるブラック－ショールズ方程式など複雑な理論を駆使したシステムが作られ、きわめてスケールの大きいマネーゲームが展開され

ベルリンの壁崩壊は東西冷戦の終結と共に、社会主義政策の失速を象徴
していた

るようになりました。その結果、二〇〇八年には投資銀行のリーマン・ブラザーズが破綻し、それを引き金に世界的な金融危機が続発したのです。

また、その背景にあったインターネットも、冷戦終結によって一般に開放されました。昔の米軍の情報システムは、中央に巨大なサーバーがあり、すべてのコンピュータがそこと直結していましたが、これでは中央のコンピュータがソ連の攻撃で破壊されたときにネットワーク全体がダメージを受けてしまいます。そのリスクを軽減するために、米軍は個々のコンピュータが網の目のようにつながるシステムを築きました。これがインターネットの原型です。

しかし冷戦が終わると、それを軍事関係だけで独占する必要がありません。そのため軍事機密を解除して、誰でも使えるようにしたのです。

もちろん、それは私たちの利便性を高めましたが、急激なグローバリゼーションを後押しすることで、さまざまな弊害を生んでいるのもたしかでしょう。そこで時代が大きく変わったことは間違いありません。

インターネットによるグローバリゼーションは、金融機関をはじめとする巨大企業をボーダーレスな存在にしただけではありません。労働者も、国境を越えて流動化するようになり

ました。

特に影響が大きいのは、**かつての社会主義国の労働者たちが資本主義社会に流入したこと**です。東欧の社会主義国は、教育水準は高いけれど賃金は安い。つまりヨーロッパの国々は、低賃金で質の高い労働力を確保できるようになったのです。そのため全体の賃金水準が一気に下がりました。

ヨーロッパだけではありません。アジアでも、昔は鎖国状態だった中国が、改革開放路線で世界中の企業を受け入れるようになりました。これによって、やはり企業は安い労働力を使えるようになります。こうしてグローバルなコストダウン競争が起こり、デフレ圧力が生じました。冷戦の終結は、安全保障のあり方だけでなく、経済の枠組みをも大きく変えたのです。

第五章

戦争のプロパガンダ

——報道は真実を伝えているのか

■ 戦場の悲惨さをありのまま伝えたベトナム戦争報道

ここまで、第二次大戦後のアメリカが戦争から何を学び、その教訓をどう活かしたか（あるいは活かさなかったか）を見てきました。

ベトナム戦争やキューバ危機は、アメリカにとって「苦い薬」となりました。そこから得た教訓によって、湾岸戦争では戦力の逐次投入をせずに一気に決着をつけようとしたり、ソ連との間にホットラインを設置してコミュニケーションを図るようになったりしたのです。

しかし湾岸戦争の成功が、今度はアフガニスタン戦争やイラク戦争の失敗を招きました。失敗は人間を反省させ、成功は往々にして人間を油断させるということが、よくわかっていただけたのではないでしょうか。

ところでアメリカでは、戦争そのもののやり方だけではなく、戦争の伝え方も過去の教訓によって大きく変わりました。これは、世の中の戦争観を左右する重大な問題です。

戦場にいるわけではない一般人は、報道を通じてしか戦争の様子を知ることができません。私たちが戦争について考えるための材料を提供するという重要な役割を、メディアは担っているのです。

たとえば日本でも、戦争中は新聞がいわゆる「大本営発表」をそのまま報道していたた

め、国民は自分たちの国が劣勢にあることに気づきませんでした。米軍に圧倒されていても、「撤退」を「転進」と言い換えて誤魔化したりしていたのですから、正確な状況などわかりません。

では、アメリカの戦争報道はどのように変わったのでしょうか。

アメリカは基本的に「自由の国」ですから、言論の自由や報道の自由などを重視します。

ベトナム戦争のときには、何の規制もせず自由に報道させました。規制しないどころか、新聞やテレビの記者たちを米軍の将校と同格の扱いにして、戦場取材のためにヘリコプターを提供したほどです。

その結果、目を覆いたくなるような惨状が世界中に伝わりました。

当初はかつての日本のように軍部の発表をそのまま報じるメディアが多かったのですが、やがて一部のジャーナリストたちが疑問を抱き、自分たちの見たままの様子を報道するようになりました。すると、圧倒的に勝っていると思っていた米軍があちこちでひどく苦戦していることがわかります。米兵が、民間人を見境なく虐殺するなどの非人道的な行為をしていることも明らかになりました。

そういう現実が、アメリカ人に大きなショックを与えました。戦争を推し進めたいジョン

217

ソン大統領が、ジャーナリストを「祖国の裏切り者」と批判するほど、その報道内容は悲惨なものでした。

■報道規制をすれば「きれいな戦争」はいくらでも作れる

そんな報道によって、アメリカ国内ではベトナム反戦運動が巻き起こります。アメリカだけではありません。その運動は日本を含めた世界各地に広がり、米軍への風当たりが強くなりました。

戦争の実情が正しく伝わるのは私たちにとってありがたいことですが、軍にとっては都合がよくありません。このベトナム戦争報道は、米軍を大いに反省させました。その教訓を活かしてやり方を変えたのは、一九八三年のグレナダ侵攻のときです。

グレナダはカリブ海の小さな島国ですが、冷戦下では東側に近い存在で、たとえばソ連のアフガニスタン侵攻を非難する国連決議にはキューバと共に反対する立場でした。キューバからは軍事援助も受けていたので、アメリカにとっては目障りな存在です。

そのグレナダで、一九八三年一〇月に、急進的な左翼がクーデターを起こしました。アメリカは、グレナダの民主主義を守ることや在留アメリカ人学生の保護などを理由に、これに

介入します。米軍にとっては、ベトナム戦争以来の本格的な軍事行動でした。投入した兵力は、七〇〇〇人以上にのぼっています。

その戦闘中、米軍はいっさい報道陣をグレナダに入れませんでした。取材を許可したのは、数日間の戦闘によってグレナダを制圧し、秩序が回復してからです。この戦闘では双方を合わせて六〇名以上の戦死者が出ましたが、現場の痛々しい様子がわかる報道はまったくなされませんでした。

この手法は、一九九一年の湾岸戦争でも引き継がれました。自由な取材ができるのは、戦闘が終わってからです。したがって湾岸戦争では、イラク側だけで二万人とも三万人とも言われる戦死者があったにもかかわらず、死体の写真がひとつも世に出ていません。

宣戦布告なしにグレナダに侵攻したアメリカ

アメリカ

大西洋

グレナダ

7000人以上の兵力投入

キューバ

カリブ海

支援

カリブ海

0　　20km

その一方、テレビのニュースでは、米軍が自ら撮影した空爆の映像ばかりが盛んに流され
ました。イラクの軍事施設に爆弾が見事に命中するのを見て、「ピンポイント爆撃」という
言葉が生まれたのがこのときです。

私もそれを見て、最初は「すごい技術だな」と思いました。でも、ＮＨＫの緊急特番でキ
ャスターに「米軍のミサイルは本当にピンポイントで命中するんですね」と聞かれた軍事評
論家の故江畑謙介さんが、こう答えたのをいまでもよく覚えています。

「当たり前です。命中した映像しか公開していませんから」

これには目からウロコが落ちました。**実はあちこちで誤爆をしており、そのために民間人
の犠牲者も出ていたはずなのに、映像を見せなければそれがなかったことになってしまう。**
情報操作とは実におそろしいものです。

実際、悲惨な写真や映像が流れなかったせいで、湾岸戦争の空爆はアメリカでも「ニンテ
ンドー・ウォー」などと呼ばれました。コンピュータゲームのように生身の人間が傷つかな
い「きれいな戦争」というイメージで受け止められたのです。現実には多数の死傷者が出て
いるのに、これではベトナム反戦運動のような戦争への抑止力が生まれません。**米軍はベト
ナム戦争の反省から報道を規制したわけですが、その結果、人々が戦争の実態に沿って反省**

220

や総括をする機会が奪われてしまったのです。

■ボイコット運動に屈して一気に方針転換した朝日新聞

そもそも、戦争報道はマスメディアにとって非常に重要な仕事です。ここで「重要」というのは、社会的な意義が大きいというだけの意味ではありません。メディア自身の成長や経営状態などが、戦争報道に大きく左右されるのです。

たとえばNHK（日本放送協会）は、まだテレビのなかった時代にラジオ局としてスタートしました。とはいえ、当初はラジオの受信機を持っている人などごく一部です。それが一気に増えたのは、日中戦争がきっかけでした。戦争が拡大するにつれて、徴兵されて戦地へ赴く男性も増えるので、残された家族は父親や息子がどうしているかが心配でなりません。だから、中国大陸の戦況がどうなっているのかを常に知りたい。そのために、みんながこぞってラジオを買い求めました。つまり**NHKのラジオ放送は、戦争報道のおかげで聴取者数が急増したのです。**

日中戦争は、新聞にも大きな影響を与えました。よく「あの戦争は大新聞も賛成して後押しした」と言われますが、最初からそうだったわけではありません。戦争が始まった当初、

現在の毎日新聞の前身である東京日日新聞は、たしかに「イケイケどんどん」的な論調で戦争に賛成していましたが、大阪の朝日新聞は日中戦争の拡大に反対するキャンペーンを張っていたのです。

ところがそれに対して、奈良県や和歌山県など関西の在郷軍人会がクレームをつけました。「大阪朝日は売国新聞だから購読をやめるべし」と言って、大々的なボイコット運動を始めたのです。

そう言えば後年、慰安婦報道で誤りを認めた朝日新聞に対して、似たような動きがありました。また二〇一五年六月には、自民党若手議員の勉強会で「メディアを懲らしめるには広告料収入をなくすことだ」という発言が飛び出しました。安保法制をめぐり、安倍晋三内閣に批判的なニュース番組があることを快く思っていない議員による暴言でした。気に入らないメディアを潰そうとする人々はいつの時代もいるものです。

在郷軍人会のボイコット運動によって、当時の朝日新聞は発行部数が激減します。そのままでは、本当に潰れてしまうかもしれません。

そこで編集局長が、ある日突然、「今日から方針を変更する」と宣言します。そのときから朝日新聞は、それまでのキャンペーンなどなかったかのように豹変し、東京日日新聞と同

じ「イケイケどんどん」路線になりました。

あらゆるメディアが日中戦争を応援するようになると、基本路線では差がつきません。**ライバルとの競争に勝とうと思ったら、より過激な言葉で煽り立てることになります。**それは、いまのスポーツ新聞の見出しなどを見れば想像がつくでしょう。

軍部は軍部で国民の戦意高揚のために「暴支膺懲（暴虐な支那＝中国を懲らしめる）」といったスローガンを掲げていましたから、新聞もそれに乗って「支那人を成敗せよ！」などと戦争を盛り上げました。対米戦争が始まると、「暴支膺懲」に「鬼畜米英」も加わります。

そういう戦争報道によって好戦的な世論が高まり、その世論の後押しを受けることで、日本は戦争の泥沼から引き返すことができなくなりました。メディアの果たした役割はきわめて大きかったと言えるでしょう。

■**CNNは「米軍（US army）」、FOXニュースは「わが軍（Our army）」**

NHKのラジオ放送と同様、日中戦争は新聞の購読者数も飛躍的に増やしました。それまで新聞は一握りの知的エリートだけが読むものでしたが、このときから一般に広く読まれるメディアになったのです。

それと似たようなことが、第二次大戦後のアメリカでも起きました。CNNの台頭です。

一九八〇年にニュース専門局として開局したCNNは、当初、「そんなものを誰が見るんだ」と言われる存在でした。二四時間ひたすらニュースだけを放送することに、大きな需要は見込めないと思われたのです。

ところが一九九一年に湾岸戦争が始まると、状況は一変しました。多くの人々の関心が戦況に集中しますが、普通のテレビ局は決まった時間にならないとニュースを放送しません。そのため、いつテレビをつけてもイラクの様子を教えてくれるCNNの視聴者が激増しました。ピーター・アーネットというCNNの特派員がイラクの首都バグダッドからレポートする姿を覚えている人もいるでしょう。これによって、CNNの経営は軌道に乗りました。戦争は、メディアを育てるのです。

しかし十数年後には、そのCNNを視聴率で追い抜くニュース専門局が登場しました。世界的な「メディア王」として知られるルパート・マードックが一九九六年に設立したFOXニュースです。

もともと共和党寄りの保守的な放送局だったFOXニュースは、二〇〇一年の同時多発テロ以降、その姿勢を鮮明にして、愛国心を前面に押し出した報道をするようになります。表

224

向きは「Fair and Balanced（公平公正）」という言葉を掲げ、中立な報道をしていると主張していますが、二〇〇三年のイラク戦争報道では、画面の左上にCG処理の星条旗がはためいていました。

また、米軍の呼び方もCNNとFOXニュースでは違います。CNNが「USアーミー（米陸軍）」「USエアフォース（米空軍）」などと呼ぶのに対して、FOXニュースは常に「アワ・アーミー（Our army）」「アワ・エアフォース（Our air force）」。つまり「わが軍」ですから、その時点で見方が偏っています。中立的な客観報道とは言えません。

ちなみにイギリスでは、フォークランド紛争の際、報道機関による軍の呼び方が問題にされました。一九八二年、フォークランド諸島（アルゼンチン名はマルビナス諸島）の領有権をめぐって紛争が起きた際、イギリスのBBCが「イギリス軍とアルゼンチン軍の戦い」と報じたところ、BBCの会長が議会に呼ばれ、「なぜ『わが軍』と呼ばないのか」と詰問されたのです。

しかしBBCの会長は、少しも怯むことなく、毅然としてこう答えました。

「愛国心に関して、あなた方から説教を受ける筋合いはない」

実に立派な態度だと思います。報道機関は、こうでなければいけないでしょう。

■ボスニア紛争でセルビアを悪者にした「戦争広告代理店」

しかしアメリカのFOXニュースは違いました。画面に星条旗を掲げ、米軍を「わが軍」と呼んだだけではありません。米軍がバグダッドに突入した際には、その様子を戦車に乗ったリポーターが生中継しました。まさに「わが軍」という言葉どおり、軍隊と一体化して報道活動を行ったのです。

そして米軍が入ってくると、先回りしてバグダッド入りしていた現地リポーターがこんなふうに伝えました。

「わが軍がやって来ました! これでもう安心です! バグダッドは解放されました!」

イラク当局から見ればこれは「占領」ですから、これを「解放」と称することも「公平公正」ではありません。中立な報道というより、軍の「広報活動」と呼んだほうが実態に近いでしょう。

ところが、このような報道のほうが一般視聴者には受け入れられてしまいます。**できるだけ客観的に事実を伝えようとするCNNよりも、愛国心をかき立てるFOXニュースのほうが、アメリカでは高い視聴率を取るようになりました。**私たちには、「自分の国が正しい」「自分たちは強い」と思いたい心理があるのでしょう。日本でも近年、「日本人はすごい」

226

「日本は世界から愛されている」といった内容の本やテレビ番組が喜ばれているようですから、他人事ではありません。

しかし、このような偏向報道によって実態が隠されたり歪められたりすると、私たちは戦争について正しく反省することが難しくなります。戦争を仕掛ける側の広報戦略もどんどん巧妙になっていくので、「この戦争は一体どちらに非があるのか」といったことに対する客観的な評価ができなくなるのです。

たとえば、一九九二年から一九九五年まで続いたボスニア・ヘルツェゴビナ紛争では、アメリカのPR会社がボスニア・ヘルツェゴビナ共和国側に協力して巧みな情報操作を行っていました。

その実態を描いたのが、NHKディレクター高木徹氏の『ドキュメント　戦争広告代理店――情報操作とボスニア紛争』（講談社）という本です。国家同士の戦争に民間のPR会社が協力したというだけでも、大きな驚きと言えるでしょう。

それによれば、国際世論がセルビアを批判し、ボスニアに対して同情的になったのは、PR会社の戦略に基づいた誘導によるものだというのです。彼らは、セルビアの捕虜収容所で骨と皮だけになるまで痩せ衰えたボスニア人の映像をメディアに流し、そこで「エスニッ

ク・クレンジング（民族浄化）という言葉を使いました。ナチス・ドイツのユダヤ人虐殺を想起させる強烈な言葉です。

特にヨーロッパではナチスへの嫌悪感が強いので、この言葉は大きなインパクトを人々に与えました。これによって「ボスニアを助けなければ」という感情が高まり、セルビアが敵役となったのです。

しかし戦争は、当事国のどちらかが一方的に悪いということは滅多にありません。日米戦争でも、アメリカも東京大空襲や原爆投下などの重大な戦争犯罪を起こしています。

ボスニア・ヘルツェゴビナ紛争も、セルビアだけが悪かったわけではありません。人口の三分の一を占めるセルビア人の意向を無視して、ボシュニャク人（イスラム教徒）とクロアチア人が主導するボスニア・ヘルツェゴビナ政府が独立を宣言したことが、紛争のきっかけです。セルビアにも、それなりに同情の余地はあるでしょう。

もちろん、そういった情報戦も戦争の一部ですから、ボスニア・ヘルツェゴビナの「作戦勝ち」と言うこともできます。しかし、こういう情報操作も行われるからこそ、できるかぎり公平な視点で戦争を報道するメディアが求められるのです。また、その情報に接する人々も、それぞれのメディアが敵対勢力に一方的なレッテル貼りをしていないか、都合の悪い情

報を隠していないかといったことを見極めるだけのリテラシー（読解力）が求められます。

七九年前の戦争でも、日本人の多くは「撤退」を「転進」と言い換えるようなメディアの報道を信じて、「日本が負けるわけがない」と思い込んでいました。勝てると信じる人が多ければ、戦争を抑止する方向の世論は盛り上がりません。戦時中の新聞や現在のFOXニュースのように、受け手の気分が良くなるような報道にばかり喜んでいると、私たちは現実を見失ってしまうおそれがあるのです。

第六章

ヨーロッパに潜む「新冷戦」

■複雑な緊張関係から勃発した第一次世界大戦

さて、次にヨーロッパの話をしましょう。私たち日本人にとって、七九年前の戦争は「アジア・太平洋戦争」であり、それは主に「対米戦争」でしたが、第二次世界大戦はもともとヨーロッパから始まりました。それ以前に、ヨーロッパは第一次世界大戦も経験しています。あの地域が過去の戦争から多くを学び、その教訓をしっかりと活かしていかなければ、世界規模の大戦争を防ぐことはできません。

そもそもヨーロッパは、第一次世界大戦で深い傷を負い、「二度と戦争はしたくない」と思ったはずです。そのときは「第二次」があるとは思っていませんでしたから、それは最初で最後の「世界大戦（World War）」になるはずでした。実際、第二次世界大戦が勃発するまでの呼び方は、「世界大戦（World War）」「大戦争（Great War）」「欧州大戦（War in Europe）」など、「諸戦争を終わらせる戦争（War to end wars）」という呼称もありました。

開戦当初は「諸戦争を終わらせる戦争」です。ところが現実には、諸戦争を終わらせるどころか、第二次世界大戦を起こしてしまいました。前の戦争が「第一次」世界大戦と呼ばれてしまったこと自体が、きわめて重大な失敗だったと言えるでしょう。

では、そもそも第一次世界大戦はなぜ起きてしまったのでしょうか。実は、これはあまり

よくわかっていません。

　もちろん教科書的には、一九一四年の「サラエボ事件」を発端とするのが正解ではありません。オーストリア＝ハンガリー帝国の皇位継承者であるフランツ・フェルディナント大公が、サラエボで妻と共に暗殺され、犯人のセルビア人はセルビアの政府や軍と関係があることがわかります。そこでオーストリア＝ハンガリー政府がセルビア政府に宣戦を布告し、戦争が始まったのです。

　しかし、皇位継承者夫妻という重要人物が殺されたとはいえ、それだけでヨーロッパ全体を主戦場とするような世界戦争にまで発展するとは思えません。それ以前から、各国が領土の帰属をめぐる問題などを抱え、複雑な同盟関係を

第一次世界大戦時のヨーロッパ

- □ 中立国
- □ 同盟国
- □ 連合国

アイスランド（デンマーク）

ノルウェー

大 西 洋

北海

フィンランド

スウェーデン

デンマーク

ロ シ ア 帝 国

イギリス

オランダ

ベルギー

ドイツ帝国

ポーランド

ルクセンブルク

ウクライナ

フランス

スイス

オーストリア＝ハンガリー帝国

ポルトガル

サラエボ

カスピ海

スペイン

イタリア

ルーマニア

黒海

セルビア　ブルガリア

地中海

ギリシャ

オ ス マ ン 帝 国

モロッコ（スペイン）

結ぶ中で緊張状態が高まっていたのです。サラエボ事件は、その緊張状態を揺さぶる引き金となりました。

イギリス・フランス・ロシアを中心とする連合国陣営と、ドイツ・オーストリア=ハンガリー・オスマン帝国などを中心とする同盟国陣営の戦いは、ヨーロッパだけに収まらず、戦闘はアフリカ、中東、太平洋、インド洋などにも拡大しました。一九一八年まで四年間続いた戦争による犠牲者は、戦闘員がおよそ九〇〇万人、非戦闘員はおよそ一〇〇〇万人。そのほか、戦争が世界に広がったために、流行したスペイン風邪も世界各地に伝染してしまい、それによって戦没者を上回る数の死者を出しています。

また、第一次世界大戦はそれ以前の世界の秩序を激しく破壊しました。ドイツ、オーストリア=ハンガリー、オスマン、ロシアという四つの帝国が崩壊し、ロシアでは社会主義革命も起こっています。その意味では、第二次大戦後の冷戦構造の 源 もこの戦争にあったと言えるでしょう。

■『最後の授業』感動秘話のからくり

それだけの多大な損害を出したのですから、国際社会が反省をしないわけがありません。

234

終戦から間もない一九一九年には、アメリカのウッドロー・ウィルソン大統領の提唱で国際連盟（League of Nations）が設立されました。史上最初の国際的な平和機構です。それ以外にも、主要国の間ではケロッグ＝ブリアン協定という不戦条約が締結され、ワシントン海軍軍縮条約やロンドン海軍軍縮条約などによる軍縮の努力も進みました。

にもかかわらず、国際連盟の設立からわずか二〇年後に、再び世界大戦が起きてしまったのは、なぜでしょう。その最大の要因は、敗戦国のドイツに莫大な額の戦時賠償金を請求したことです。

連合国とドイツの講和条約（ベルサイユ条約）は、ドイツにとってきわめて厳しいものでした。たとえば、ドイツとフランスの国境付近に位置するアルザス・ロレーヌ地方は、一八七一

アルフォンス・ドーデ『最後の授業』／ポプラ社

年に普仏戦争でフランスが負けたことでドイツに編入されていましたが、第一次大戦後はフランスに復帰します。

アルフォンス・ドーデの短編小説『最後の授業』を読んだ人には、これが感慨深く思えることでしょう。フランスが負けたためにドイツ語しか教えられなくなるアルザス地方の学校で、最後の「フランス語の授業」が行われる話です。教室には村の老人たちも集まり、「フランス語は世界でいちばん美しく、いちばん明晰な言葉です」という先生の話に耳を傾けました。やがて終業の鐘が鳴り、先生は黒板に「フランス万歳！」と大書して授業を終えます。私も小学生の頃にこれを読み、深く感動しました。

でも大人になってから調べてみると、あの地方は最初からフランス領だったわけではありません。もともとはケルト人が住んでいましたが、ローマ帝国が支配した後はゲルマン系の民族が入り、主にドイツ語が話されていました。ところが一七三六年にフランスが占領し、それ以降はフランス語が公用語となったのです。そのとき学校があれば、ドイツ語の「最後の授業」が行われて、先生が「ドイツ万歳！」と板書したかもしれません。要するに、ドイツもフランスも、どっちもどっちの話なのです。それを知ったときは、**小学生時代のあの感動は何だったんだ**と空しい気持ちになりました。

それはともかく、第一次大戦後にドイツはアルザス・ロレーヌ地方を失いました。この地域は石炭が出るので、エネルギー政策上もドイツにとっては痛手です。さらにドイツは、大戦でフランス北部の炭鉱に損害を与えた代償として、ロレーヌ地方に隣接するザール地方の炭鉱所有権も譲渡させられました。

それに加えて、巨額の戦時賠償を求められたのですから、たまりません。この戦時賠償については、「ドイツにそんな重荷を背負わせれば、また大変なことになる」という反対意見も連合国側にありました。イギリス人経済学者ジョン・メイナード・ケインズは強硬に反対したのです。しかし、ドイツに対して積年の恨みのあるフランスが納得しませんでした。

■ナチス台頭はドイツ経済の混乱が引き起こした

その結果、反対論者が心配したとおりの事態になりました。無理やり賠償金を返済しようとしているうちに、ドイツ経済はひどいインフレを起こして大混乱に陥ります。一九二三年には、物価がかつての一兆倍にも達しました。そのインフレがマルクのデノミなどによって沈静化すると、今度は一九二九年の世界恐慌がドイツ経済にも大きなダメージを与えます。失業者は八〇〇万人まで膨れあがりました。

それを背景に台頭したのが、アドルフ・ヒトラー率いるナチスです。一九三三年にヒトラーを首相とする政権が成立すると、ナチスは公共事業の拡大によって失業問題を解決するために再軍備計画を推進しました。しかし軍備を増強しただけでは、経済的な効果も一時的なものにすぎません。軍需産業によって経済を支え続けるには、戦争を起こして軍需品の消費と生産を繰り返す必要があります。

こうしてドイツは、**戦争で生じた経済的なマイナスを戦争で埋め合わせる**道を選びました。第一次大戦の戦後処理の失敗が、第二次大戦を招いたわけです。

それを深く反省した結果、第二次大戦の戦勝国は敗戦国に過大な戦時賠償を求めませんでした。サンフランシスコ講和条約（一九五一年調印、五二年発効）でも、調印した各国は日本

ドイツのハイパーインフレは国民を混乱に陥れた（札束を積み木にして遊ぶ子ども）

に対する戦時賠償を放棄することになっています。

もちろん、ドイツも多額の戦時賠償は要求されていません。ヨーロッパ諸国にとっては、それよりも二度とドイツに戦争を起こさせないことのほうが重要でした。そのためには、これまでに何度も戦争を繰り返してきたフランスとドイツの関係悪化を防ぐことが特に大事です。

実際、第二次大戦後にも両国が対立する場面がありました。ドイツが復興のためにアルザス・ロレーヌ地方の石炭であらためて鉄鋼業をやりたいと希望したことに、フランスが反対したのです。戦後、ドイツは東西に分割されましたから、正

大不況に突入したドイツを救ったヒトラーに、国民は心酔していった
（出典：武田知弘『ヒトラーの経済政策』祥伝社新書）

確には西ドイツですが。エネルギーと鉄は経済を強くするので、ドイツがそれを求めるのも無理はないでしょう。しかしフランスにしてみれば、西ドイツは強くなるとまた戦争をするのではないかと心配でなりません。

そこでヨーロッパは、ドイツがそれを戦争に使わないようにするための仕組みを考えました。それが、一九五一年に設立された欧州石炭鉄鋼共同体（ECSC）です。当初この機関には、フランスとドイツに加えて、イタリア、オランダ、ベルギー、ルクセンブルクが参加しました。**フランスとドイツの石炭と鉄鋼の生産をすべてこのECSCの管理下に置くことで、両国間の平和を保とうというわけです。**

さらに一九五七年には、同じ六カ国によって、経済統合の実現を目指す欧州経済共同体（EEC）が設立されました。その一〇年後には、ECSCと欧州原子力共同体（Euratom）がそこに統合され、欧州共同体（EC）という体制に移行。これが、現在のEUの母体となりました。つまり**欧州統合のそもそもの目的は、フランスとドイツの対立をやわらげて、再び戦争を起こさせないことにありました。二度にわたる世界大戦の反省から生まれたのがE**Uだと言えるのです。

■西欧に平和をもたらした「マーシャル・プラン」

ただし第二次大戦後のヨーロッパには、「ドイツ対フランス」とは別の対立軸も生まれました。冷戦構造下の東西対立です。

すでに述べたとおり、第二次大戦で二七〇〇万人もの戦没者を出してしまったソ連は、周辺国を外敵からの防波堤にすべく、社会主義の陣営に取り込みました。そこでソ連とドイツとの緩衝地帯になったのが、ポーランド、チェコスロバキア、ハンガリー、ユーゴスラビアなどの東欧諸国です。

その地域がソ連の支配下に入ったことは、当然ながらアメリカにとって大きな脅威になりました。ドイツをはじめとする西欧諸国が戦争のダメージを引きずって混乱した状態を続けると、そこも社会主義に飲み込まれてしまうかもしれません。

そのためアメリカは、戦争で荒廃した西ヨーロッパに多額の援助を始めました。正式名称は「欧州復興計画」ですが、提唱者の国務長官ジョージ・マーシャルの名を冠した「マーシャル・プラン」のほうが一般的には馴染みがあるでしょう。アメリカの対外政策の中でも非常に大きな成果を挙げたものとされており、マーシャルは一九五三年にノーベル平和賞を受賞しました。

マーシャル・プランでは、戦争に勝った連合国だけでなく、旧枢軸国のイタリアや西ドイツも援助の対象としました。これも、後のEUにつながる欧州統合の動きを後押ししたと言えるでしょう。ドイツに巨額の戦時賠償を求めた第一次大戦の戦後処理とは大違いです。

ただし、これが「大成功」と言われるのは、西ヨーロッパの安定化に寄与したことだけが理由ではありません。マーシャル・プランによる復興援助は、アメリカ経済にも大きなプラスをもたらしました。ヨーロッパ各国が援助金を使ってアメリカから物をどんどん輸入したからです。アメリカの企業にとっては、西欧という巨大な市場を手に入れたという点で、きわめて有意義でした。下世話な言葉で言えば「おいしい話」だったということになるでしょうか。

このマーシャル・プランによる援助を受け入れるために、ヨーロッパは一六カ国が集まって欧州経済協力機構（OEEC）を設立しました。これが、現在の経済協力開発機構（OECD）の母体です。範囲をヨーロッパから世界の先進国に広げて、国際経済全般について協議する。日本も一九六四年に加盟しました。**経済問題は紛争のタネになりますから、このOECDも先進国同士の大規模な戦争を防ぐ仕組みのひとつと言えるでしょう。**

国際経済の安定化を図る仕組みとしては、それ以外に国際通貨基金（IMF）や世界銀行

などもあります。

IMFもIBRDも、一九四四年七月にアメリカのブレトンウッズ（ニューハンプシャー州）で連合国（四四ヵ国）が開いた通貨金融会議で創設が決まりました。この「ブレトンウッズ会議」では、米ドルを世界の基軸通貨とすることも決まっています。それまでは金または英ポンドが世界基軸通貨だったのですが、金一オンス（約三一グラム）が三五ドルとされ、ドルに金と同等の価値を持たせたのです。こうして生まれたのが通貨の固定相場制です。

日本がまだ必死にアジア・太平洋戦争を戦っていたときに、アメリカはすでに戦後の国際秩序を考え、その準備をしていたわけです。

世界銀行は、一九四六年に発足した国際復興開発銀行（IBRD）が母体です。

■ヨーロッパ内の冷戦──NATO対ワルシャワ条約機構

こうした経済面での努力は、戦後の西ヨーロッパを安定させる上できわめて有効でした。その意味では、大戦の反省が活かされたと言えるでしょう。

しかしそのヨーロッパも、全体を見渡せば、東西冷戦という緊張にさらされていました。

西ヨーロッパの国々から見れば、東側の軍事力は大変な脅威です。万が一戦争になれば、強大なソ連軍だけでなく、東ドイツ軍、ポーランド軍、チェコスロバキア軍、ブルガリア軍な

243

どが一挙に攻めてくるかもしれません。

ヨーロッパに行って、ドイツやフランスなどに広がる大平原を見れば、その恐怖感はよくわかります。戦車の大軍が押し寄せたら、ひとたまりもありません。

そこで、イギリスやフランスが主体となって作った西ヨーロッパの集団安全保障体制が、NATOです。ソ連を中心とした東側諸国に対抗するには、ヨーロッパ諸国だけでは力不足なので、NATO軍にはアメリカとカナダも入りました。

ただし当初のNATOに西ドイツは参加していません。戦後ドイツは、東側をソ連軍が、西側をアメリカ、イギリス、フランスが占領し、それぞれが独立。ドイツは東西に分裂していました。最初の目的には、東側への対抗だけでなく、「ドイツを押さえ込む」ことも含まれていたからです。

いまやドイツはEUのリーダー的な存在ですが、ヨーロッパの人々にとって「ドイツ問題」はそれぐらい根の深いものでした。一九五〇年には、再軍備が解禁された西ドイツがNATO加盟の準備を始めましたが、例によってフランスがこれに反対。NATOに対抗するものとして、フランスの首相ルネ・プレヴァンが欧州防衛共同体の設立を提唱しました。東側諸国と紛争が起きたときのために、西欧諸国が共同でヨーロッパ防衛軍を作るという構想です。

ところがこれは、条約の調印までこぎ着けたものの、当のフランス国民議会が否決して批准しなかったために、企画倒れに終わりました。最終的にはフランスも西ドイツの再軍備を認め、一九五五年にドイツ連邦軍がNATOに加盟しています。

NATO加盟国は、域内の国が攻撃を受けた場合、集団的自衛権を発動して共同で応戦する義務を負いました。今度は、東側が脅威を感じる番です。西側のどこかと紛争になったら、米軍を含むNATO軍を相手にしなければなりません。

そのため、ちょうど西ドイツがNATOに加盟したのと同じ一九五五年に、ソ連と東欧諸国による軍事同盟が結成されます。条約を結んだ場所にちなんで「ワルシャワ条約機構（正式には「友好協力相互援助条約機構」）」と名付けられました。こうしてヨ

NATOとワルシャワ条約機構加盟国

アイスランド
カナダ
アメリカ

ノルウェー
デンマーク
イギリス
オランダ
ベルギー
ルクセンブルク
フランス
ポルトガル
西ドイツ
東ドイツ　ポーランド
チェコスロバキア
ハンガリー
ルーマニア
ブルガリア
イタリア
アルバニア
ギリシャ
トルコ
ソ　連

□ NATO
■ ワルシャワ条約機構

ーロッパでは、西側のNATO軍と東側のワルシャワ条約機構軍が睨み合うという構図ができあがったのです。

■ なぜ？　冷戦が終わってから活発となる軍事同盟

冷戦が終わるまで、この両者が直接ぶつかり合うことはありませんでした。NATO軍に至っては、冷戦下では一発の銃弾も撃っていません。

しかしワルシャワ条約機構軍のほうは、しばしば出動していました。とはいえ、それは西欧諸国と戦うためではありません。東欧諸国で起こる民主化運動や自由化運動を叩き潰すためです。

当時のソ連には、「ブレジネフ・ドクトリン」というものがありました。ソ連共産党のブレジネフ書記長が提唱した戦略です。それによれば、**ワルシャワ条約機構の加盟国は、社会主義全体の利益のために自国の主権を制限されることもある。**「社会主義のため」と言えば聞こえはいいのですが、要するに**「ソ連から少しでも離れようとすると軍隊で押し潰すぞ」**ということです。

事実、たとえば一九五六年に起きたハンガリー動乱では、蜂起した民衆がソ連軍に鎮圧さ

れました。　数千人の市民が殺され、一二五万人
もの人々が国外に逃げて難民となっていま
す。「プラハの春」と呼ばれるチェコスロバ
キアの変革運動（一九六八年）も、ワルシャワ
条約機構軍が軍事介入し、全土を占領下に置
きました。

その当時の写真を見ると、プラハ市民に取
り囲まれたソ連軍の戦車の真ん中に白い線が
引いてあるのがわかります。これは、チェコ
スロバキア軍の戦車と区別するための目印で
した。どちらもワルシャワ条約機構軍の一員
で、使用する戦車も同じソ連製。同盟国であ
りながら敵対することが想定されたのがおか
しな話なのですが、うっかり味方同士で撃ち
合わないようにするには、そういう目印が必

同士討ちをしないために、ソ連軍の戦車には白い目印がつけられた（プラハ）

要だったのです。

　一方のNATO軍も、冷戦時代は実戦への出動がなかったものの、前にも紹介したボスニア・ヘルツェゴビナ紛争では内戦に介入しました。さらに一九九九年には、同じバルカン半島で起きたコソボ紛争に軍事介入し、セルビアへの空爆を行っています。**東西冷戦のために結成された軍事同盟が、冷戦が終わってから初めて軍事行動を起こして人を殺すことになったのは、何とも皮肉な成り行きとしか言いようがありません。**

　ただし、かつての冷戦に似た対立構造はいまでも存在します。

　ソ連が崩壊した後、それまでワルシャワ条約機構の一員だった東欧諸国は相次いでNATOに加盟しました。いまは、かつてソ連の一部だったジョージアやウクライナもNATOへの加盟を目指しています。周辺に緩衝地帯を置きたいロシアがこれに反発するのは当然の成り行きでしょう。二〇〇八年には南オセチアでロシアとジョージアの戦争が起こり、二〇一四年にはクリミア半島をロシアが占領しました。その直前、EU派とロシア派が対立するウクライナで騒乱が起こると、ロシアのプーチン大統領はロシア軍をクリミア半島に進駐させます。ロシア系住民の多いクリミアは住民投票でロシアへの編入を求め、プーチン大統領は、クリミアをロシアに併合しました。これをアメリカやEU諸国は認めていません。

クリミア半島は、一九一七年のロシア革命以降、ソ連の支配下になり、大勢のロシア人が住むようになりました。一九五四年にクリミア半島はロシアからウクライナ共和国に移管されました。これは新章で述べたように、ソ連のフルシチョフ第一書記が、ウクライナのご機嫌を取るためにしたことでした。このときは、同じソ連の内部での移管だったので問題は起きませんでしたが、ソ連が崩壊してウクライナが独立すると、クリミア半島はそのままウクライナになりました。ここに紛争の種があったのです。

その意味で、ヨーロッパとロシアは冷戦下とあまり変わらない緊張関係を続け

黒海に面したウクライナのクリミア半島は、天然ガスの供給ルートとして軍事的に重要な位置にある

ていると言えるでしょう。それを「新冷戦」と呼ぶこともあります。ここに何か間違いが起

これば、また世界規模の戦争に発展する可能性もあるのです。

ウクライナでは二〇一九年四月に大統領選挙の決選投票が行われ、ウラジミール・ゼレン

スキーという政治活動経験のないコメディアンが現職のポロシェンコを破りました。日本で

言えば北野武さんが首相になったような感じでしょうか。それはともかく、ゼレンスキー

はポロシェンコと異なり、ロシアに対して柔軟な姿勢を示すのではないかと見られていまし

たが、実際に大統領に就任すると、ロシアと対決する姿勢を強め、結局ロシアの侵略を招い

てしまいました。

第七章

終わることのない
「中東」宗教対立

■パレスチナをめぐる宗教対立の発端は……

米ソを中心とする東西冷戦は、基本的に「資本主義対社会主義」というイデオロギーの対立でした。いまも社会主義国はいくつかありますが、ソ連の崩壊によって、戦争に直結するほどのイデオロギー対立はほとんどなくなったと言っていいでしょう。軍拡を続ける中国は大きな脅威ですが、建前は社会主義国であっても、実質的には資本主義になっています。

冷戦終結後の世界は、イデオロギーの対立に代わって、宗教の違いによる対立が目立つようになりました。 ソ連の崩壊から間もなく起きた湾岸戦争は、そんな時代の変化を象徴するようなものだったと言えます。イラクはイスラム教、アメリカはキリスト教の国ですし、イスラム教の聖地があるサウジアラビアに異教徒である米軍が進駐したことも、後の世界情勢に大きな影響を与えました。それは、すでにお話ししたとおりです。

しかし、中東の地における激しい宗教対立は、いまに始まったことではありません。冷戦下の世界でも、それはありました。いわゆる「パレスチナ問題」です。ユダヤ人国家のイスラエルと周辺のアラブ人国家との間では、一九四八年の第一次中東戦争から一九七三年の第四次中東戦争まで、四度にわたって大規模な戦争が起きました。米英がイスラエル、ソ連がアラブ諸国を支援していたので、冷戦の代理戦争のような側面もありましたが、これは領土

252

問題でもあり、宗教対立でもありました。冷戦終結から三五年が過ぎた現在も、パレスチナでの紛争は続いています。

事の発端は、一九四八年にパレスチナの地にイスラエルが建国されたことでした。イスラエルが独立を宣言すると、翌日、エジプト、サウジアラビア、イラク、シリア、レバノンなどがイスラエルを攻撃。第一次中東戦争が勃発したのです。イスラエルではこれを「独立戦争」と呼び、その領土は開戦前よりも広がりました。

では、そもそもなぜ第二次大戦後のその時期にイスラエルが建国されたのでしょうか。

あの地の歴史を詳しく語っているとそれだけで一冊の本になってしまうので、ごく簡単に説明しておくと、紀元前一〇世紀頃には、エルサレムを中心と

エルサレムをめぐるユダヤ教、キリスト教、イスラム教の動き（古代から16世紀まで）	
ＢＣ11世紀	サウルがユダヤ人国家イスラエル王国初代国王になる
ＢＣ10世紀	ソロモン王がエルサレムに神殿を建設
ＢＣ 6世紀	新バビロニアがエルサレムを征服（ユダ王国滅亡）
4世紀	ローマ帝国がミラノ勅令によってキリスト教を公認。エルサレムはキリスト教の聖地に
7世紀	イスラム教（610成立）の第二代正統カリフ、ウマルがエルサレムを占領する
	エルサレムはユダヤ教、キリスト教、イスラム教の聖地に
11世紀	十字軍、エルサレムを攻略。キリスト教国家「エルサレム王国」を建国
	ユダヤ教徒やイスラム教徒、カトリック以外のキリスト教徒の大規模殺戮が行われる
12世紀	イスラム教徒サラディンが十字軍からエルサレムを奪還
16世紀	オスマン帝国がエルサレムを支配下とする

するユダヤ人国家のイスラエル王国が繁栄していました。しかしこの王国は、周辺国の侵略によって滅亡し、神殿も破壊されます。その後、ユダヤ人はエルサレムに追放されます。

四世紀になると、エルサレムはローマ帝国が公認したキリスト教の聖地となりましたが、七世紀になるとイスラム帝国が進出。この時点で、エルサレムはユダヤ教、キリスト教、イスラム教という三つの宗教の聖地となりました。

一一世紀には十字軍が攻め込んで、エルサレム王国というキリスト教国家をつくりますが、一二世紀後半には再びイスラム勢力がエルサレムを奪い返しました。それ以降、パレスチナの地は基本的にイスラムの勢力圏となります。一六世紀にはオスマン帝国の支配下に入りました。現在も残るエルサレム旧市街を囲む城壁は、大半がオスマン帝国時代に築かれたものです。それが大きく転換したのは、二〇世紀に入ってからのこと。第一次世界大戦がきっかけです。

■ **すべては黒幕イギリスの「三枚舌外交」から起きた**

第一次大戦で、オスマン帝国は同盟国の一員でした（233ページの図）。イギリスやフランス

などの連合国としては、これを弱体化させたい。そこでイギリスは、オスマン帝国に支配さ
れているアラブ人に反乱を起こすようにけしかけます。その交換条件として提示したのが、
「アラブの独立」。独立を支持することで、アラブをイギリス陣営に引き込んだのです。イギ
リス軍からアラブ諸部族へ派遣された士官、トーマス・エドワード・ロレンスは、映
画『アラビアのロレンス』で有名ですが、アラブ人の独立のために見えた行動はイギリス軍
のためのものでした。　聖地メッカの太守（ここでは行政を管轄する責任者のこと）フサイン・
イブン・アリーとイギリスの駐エジプト高等弁務官ヘンリー・マクマホンがやり取りした書
簡によって結ばれたので、この約束のことを「フサイン＝マクマホン協定」と言います。

ところがイギリスは、その一方でユダヤ人にもパレスチナでの居住地建設を約束していま
した。ユダヤの大財閥であるロスチャイルド家から、戦争に必要な資金の援助を受けるため
です。こちらはイギリスの外務大臣アーサー・ジェームズ・バルフォアが表明したので「バ
ルフォア宣言」と呼ばれています。戦争のために「二枚舌」を使ったと非難されても仕方あ
りません。

しかし第一次大戦中のイギリスには、もう一枚「舌」がありました。同じ連合国のフラン
ス、ロシアとの間で結んだ「サイクス・ピコ協定」という秘密協定で、大戦後にオスマン帝

国の領土をどのように分割するかを決めていたのです。そこでは、パレスチナを国際管理下に置くことになっていました。これでは、アラブの独立を認めたフサイン＝マクマホン協定とも、ユダヤ民族の居住地建設を認めたバルフォア宣言とも矛盾します。どちらも「パレスチナの話はしていない」と言い張ることもできるので、解釈によっては三つの協定に矛盾しないとする見方もありますが、当事者のアラブ人やユダヤ人が「三枚舌」と批判し、イギリスに不信感を抱くのは当然でしょう。

結局、第一次大戦が終わると、パレスチナはイギリスの委任統治領になりました。委任統治とは、まだ国として独立するほどの力がない地域の統治を国際連盟が先進国に委任する仕組みです。たとえば日本も第一次大戦後に、かつてドイツ領だったパラオを委任統治しました。「ペリリュー島の戦い」が行われたアジア・太平洋戦争の激戦地のひとつですが、もともと委任統治領だったので、ここは日本軍が攻め込んで占領したほかの島とは事情が違います。

戦前から、多くの日本人が居住していました。

しかし、国際連盟から委任された形を取ったとはいえ、これは事実上の植民地のようなもの。パレスチナの場合、「三枚舌外交」への恨みが長くくすぶっていたこともあって、第二次大戦が終わるとイギリスへの不満が爆発しました。駐留しているイギリス軍に対して、ユ

ダヤ人のグループが次々とテロを仕掛けたのです。

ちなみに、当時はユダヤ人テロリストグループが二つあり、それぞれのリーダーだったメナヘム・ベギンとイツハク・シャミルは、いずれも後にイスラエルの首相を務めています。客観的に見れば「テロリスト」ですが、イスラエル国民から見れば「愛国的な独立運動家」ということになるのでしょう。

たとえば一九四六年七月、イギリス軍総司令部が置かれていたキング・デービッド・ホテルに爆弾が仕掛けられ、一般の宿泊客も多数が犠牲となりました。イギリス兵も拉致されては殺害されます。殺された若い兵士の死体が吊された写真が、イギリスの大衆紙に掲載されたこともありました。

こうなると、イギリス本国の世論が動きます。

「なぜパレスチナでイギリス人の若者が殺されなけ

イギリスの多重外交がパレスチナ問題を生んだ

フサイン＝マクマホン協定 (1915)
対アラブ人

オスマン帝国への反乱を条件に、アラブ人の独立国家支持を約束。

矛盾

バルフォア宣言 (1917)
対ユダヤ人

第一次世界大戦の財政支援を条件に、ユダヤ人のパレスチナでの居住地建設を約束。

イギリス

矛盾　　　　　　**矛盾**

サイクス・ピコ協定 (1916)
対フランス・ロシア

イギリス、フランス、ロシアでオスマン帝国領分割を定めた秘密協定。

ればならないのか！」という怒りが高まり、撤退を求める声が強まりました。国自体も戦争で疲れきっていたので、テロと戦う余力も残っていなかったのでしょう。イギリスはパレスチナから逃げ出し、事後処理は国際連合に丸投げしてしまいました。自分たちの勝手な策謀で混乱させたのに、無責任な話です。

■繰り返された中東戦争

この事態を受けて、一九四七年一一月に国連総会が開かれました。ここで、パレスチナの土地の五六・五％をユダヤ人国家、四三・五％をアラブ人国家（エルサレムは国際管理）とするパレスチナ分割案が可決されます。これに対抗して、翌年二月にはアラブ連盟がイスラエル建国阻止を決議。今度はアラブ人によるテロが猛威を振るいました。その頃にアメリカはパレスチナ分割案への支持を撤回し、国連による信託統治を提案しています。

しかし一九四八年五月にイギリスのパレスチナ委任統治が正式に終了すると、イスラエルが独立を宣言しました。これを引き金にして、第一次中東戦争が起きたのです。

第二次中東戦争は、一九五六年。エジプトのナセル大統領がスエズ運河の国有化を発表したことにイギリスとフランスが反発し、イスラエルにエジプトとの戦争をけしかけました。

しかしこの戦争は、いつもイスラエルを支援するアメリカにさえ非難されます。結局、国連の調停によって、イギリスとフランスはスエズ運河の国有化を受け入れました。

一九六七年の第三次中東戦争は、ゴラン高原（左の地図のD）でのユダヤ人入植地建設をめぐる緊張が高じたことが原因です。エジプト、シリア、イラク、ヨルダンの空軍基地を攻撃して優位に立ったイスラエルは、聖都エルサレムを含むヨルダン川西岸地区、エジプトのガザ地区とシナイ半島、シリアのゴラン高原などを占領し、たった六日間の戦争で領土を四倍以上に広げました。

そして一九七三年、失った領土を挽回すべく、エジプトとシリアがイスラエルを先制攻撃したことで、第四次中東戦争が始まりました。このときに世界中で起きたのが、「オイルショック」です。

イスラエル占領地の拡大

■ 国連のパレスチナ分割案（1947）
■ パレスチナ戦争（1948〜49）で占領
■ 第３次中東戦争（1967）で占領

◎エルサレム
Aシナイ半島
Bヨルダン川西岸
Cガザ
Dゴラン高原

シリア

地中海

ヨルダン川

ヨルダン

死海

エルサレム

スエズ運河

エジプト

A

サウジアラビア

0　100km

イスラエルを支援する西側諸国にプレッシャーをかけるために、アラブ石油輸出国機構（OAPEC）が原油の生産を段階的に削減することを決定。さらにOAPEC加盟国は、イスラエルを支持するアメリカやオランダへの石油禁輸を決めました。これらの措置によって石油の国際価格が上昇したので、日本も他人事ではありません。すでに始まっていたインフレが加速し、「狂乱物価」という言葉も生まれました。どういうわけか、原油価格とは関係のないトイレットペーパーや洗剤が不足するというデマが流れ、人々が買い占めに走るというパニックも起きています。

これ以降、イスラエルとアラブ諸国の戦争は起きていません。一九七八年には、エジプトのサダト大統領がイスラエルとの平和条約に調印し、ノーベル平和賞を受賞しました（ただし一九八一年に和平に反発する国内の勢力の手で暗殺されてしまいました）。それまでの中東戦争を主導していたエジプトが反イスラエル路線を転換したことで、アラブ諸国の連携が崩れたのです。

■ナチスの蛮行を見て見ぬ振りしたヨーロッパの負い目

その後は、パレスチナ解放機構（PLO）をはじめとする非政府組織がイスラエルと敵対

するようになりました。国家同士の戦争ではなくなりましたが、ゲリラ戦やテロなどの形で紛争は続いたのです。

その中東情勢の解決に乗り出したのが北欧のノルウェーでした。首都オスロで秘密の交渉を続け、「オスロ合意」が成立します。アメリカのクリントン大統領が「証人」となって、一九九三年九月にイスラエルとPLOがパレスチナの暫定自治協定に調印しました。翌年五月にパレスチナ自治政府が設立され、長くPLOの議長を務めたヤセル・アラファトが自治政府長官に就任します。アラファトとイスラエルのイツハク・ラビン首相は一九九四年、ノーベル平和賞を受賞しました。しかしラビンはその翌年、極右のユダヤ人に射殺されてしまいます。エジプトのサダトと同じく、ノーベル平和賞を受賞した後に殺されるという運命をたどってしまいました。中東問題はあまりにも根が深いため、双方の人々が心から納得できる形での解決はなかなか難しいということでしょう。

二〇〇〇年にはイスラエルの右派政治家アリエル・シャロンがエルサレムの「神殿の丘」を訪問してパレスチナ人の感情を逆撫でし、反イスラエルの暴動が発生しました。ここでちょっと説明しますと、「神殿の丘」はエルサレム旧市街の東に位置する小高い丘で、ユダヤ教とイスラム教、双方の聖地です。ここには、かつて古代ユダヤ教の神殿が建っていまし

た。その一部が「嘆きの壁」として残っていますが、現在私たちが丘の上で目にするのはイスラム教のモスクとドーム（預言者ムハンマドが天に上って戻ってきたとされる場所にあります）です。**つまりエルサレムはイスラエル領内の都市であるとしても、「神殿の丘」を実質的に管理しているのはイスラム教徒。**彼らにとってシャロンの行為は宗教的な冒瀆に映ったのです。そのシャロンがイスラエル首相に就任して以降も、ＰＬＯの武装勢力やイスラム組織ハマスとの間で暗殺や自爆テロなどが続きます。

二〇〇八年には、ガザ地区を実効支配するハマスとイスラエルの間で大規模な紛争も起きました。アラブではこの紛争を「ガザの虐殺」と呼んでいます。

二〇一一年には、アラファトの後を継いだアッバス議長が、パレスチナ自治政府の国連加盟申請を発表しました。翌年の国連総会では、それまで「オブザーバー組織」だったパレスチナを「オブザーバー国家」に格上げすることが承認されています。もともと国連決議に基づいてイスラエルが建国されたところから始まった話ですから、こうして国連を通じた解決を模索するのが良いと、普通は思うでしょう。

しかしこの国連の決定に対しても、イスラエル国内では反発の声が上がります。パレスチナに有利な決定がなされると、イスラエルの極右勢力が黙っていないのです。二〇一四年に

は、イスラエルがガザ地区に侵攻しました。そして二〇二三年一〇月、ハマスがイスラエルに攻撃を行い、大規模な戦闘に発展しました。

こうしたイスラエルの動きを抑えられないのは、第二次大戦中の記憶がまだ消えないせいもあるでしょう。ナチスによるユダヤ人の大量虐殺という過去に負い目を感じているのは、ドイツだけではありません。周辺のヨーロッパ諸国も、ドイツ国内で非人道的なことが行われているのを薄々は知っていました。でも、それを積極的に止めようとはせず、ある意味では見殺しにしてしまったのです。

もともとヨーロッパではユダヤ人に対す

エルサレム旧市街

イスラム教徒地区

キリスト教徒地区

岩のドーム

聖墳墓教会

ユダヤ人地区

嘆きの壁

エルサレムにあるユダヤ教の聖地、嘆きの壁（古代神殿の外壁の一部）。その奥にはイスラム教聖域（神殿の丘）に黄金のドームが建つ

る差別や偏見が根深くあったので、あまり親身になれなかった面があるのは否定できません。**ヨーロッパの人たちにはその負い目があるので、イスラエルが中東で残虐な振る舞いをしても表立って非難しにくいのです。**もちろん、イスラエルはユダヤ教、ヨーロッパはキリスト教という宗教的にデリケートな関係にあることも、介入を難しくしています。

■アメリカ大使館のエルサレム移転が波紋を

そうした中で、アメリカのトランプ大統領は二〇一七年一二月、エルサレムをイスラエルの首都と認め、在イスラエルアメリカ大使館をテルアビブからエルサレムに移転すると発表して、中東やヨーロッパのみならず世界中に波紋を拡げました。先に触れたように、エルサレムはユダヤ教、キリスト教、イスラム教の聖地です。城壁に囲まれた旧市街には「神殿の丘」（イスラム教）と「嘆きの壁」（ユダヤ教）、そしてイエス・キリストの墓所に建つとされる聖墳墓教会があり、それぞれの信徒が祈りを捧げています。

世界各国は、イスラエルの首都をエルサレムとは認めず、地中海に面したテルアビブに大使館を置いています。アメリカも例外ではありません。しかしアメリカはトランプ大統領の発表を実行に移しました。二〇一八年五月、アメリカ大使館はエルサレムに移転したので

す。アメリカは一九九五年に「エルサレム大使館法」を定め、法律上はエルサレムへの大使館移転が決められているのですが、歴代の大統領が実行に移すことはありませんでした。

　しかもトランプ大統領は二〇一九年三月になると、お得意のツイッターで「ゴラン高原に対するイスラエルの主権を認めるべきだ」と述べ、またもや世界を騒がせます。　前述したように、シリア領だったゴラン高原は第三次中東戦争以来、半世紀にわたりイスラエルが占領しています。一九八一年には一方的に併合を宣言しました。ただし、この併合宣言は国連安保理に無効と決議され、世界もイスラエルの主権を認めていません。

ゴラン高原に対するイスラエルの主権を承認する大統領令に署名したトランプ大統領（左）とイスラエルのネタニヤフ首相（右）

まるで世界に背を向けるようなアメリカの政策が、中東情勢を一段と混迷させているのです。

■イスラム原理主義者だけが過激なわけではない

このように、中東では第二次大戦の直後からパレスチナ問題がくすぶり続けており、冷戦終結後も解決の糸口は見えません。それに加えて、冷戦後はイラクのクウェート侵攻に端を発する紛争や戦争が立て続けに起きています。これから国際社会が平和な世界を築いていくためには、この地域から目が離せません。

中東の問題を考えるときは、とかく宗教的な対立がクローズアップされがちです。特に日本人の場合、イスラム教にはあまり馴染みがないこともあって、「何を考えているのかよくわからない」と感じる人も多いでしょう。

でも、そこにばかり注目すると、問題の本質が見えなくなることもあります。

もちろん、中東問題と宗教は切っても切り離せない関係にありますが、たとえばパレスチナにおけるイスラエルとアラブの対立は、それ以前に「土地」をめぐる争いです。どちらも「あの土地は自分たちが住むべき場所だ」と考えているわけで、これは宗教の違いがなくて

も生じる問題でしょう。日本にも、竹島や北方四島など領土をめぐる外交問題はあります

が、韓国やロシアと宗教上の問題で対立しているわけではありません。

また、中東諸国と欧米先進国の間で対立が生じるようになったのも、お互いに相手の宗教

が許せなかったからではありません。**それが紛争などの形で具体的に顕在化したのは、あの**

土地から石油が産出されるようになってからでしょう。アルザス・ロレーヌ地方をめぐるド

イツとフランスの関係がそうだったように、**エネルギーの利権が絡めば、宗教など無関係に**

対立が生じます。つまり、これは宗教問題である以前に経済問題なのです。

「それにしてもイスラムの人たちのやることは過激で理解できない」と感じる人もいるでし

ょう。たしかに、第三章で触れた香田さん、湯川さん、後藤さんらを殺害した過激派グルー

プの手口は残忍きわまりないものでしたから、日本人がそんな印象を抱くのも無理はありま

せん。

でも、あれは極端な過激派たちの仕業です。当然ながら、イスラム教徒がみんなあのよう

な行動を起こすわけではありません。また、どんな宗教であれ、異教徒に対して過激な行動

に出ることはあります。イスラム教だけが特別なわけではないでしょう。

たとえば北アイルランドでは、一九六〇年代の後半から、カトリックの住民とプロテスタ

ントの住民の間で血で血を洗うような抗争が続きました。北アイルランドは人口の三分の二をプロテスタントが占めており、少数派のカトリックはさまざまな差別を受けていたのです。そのため両者はしばしば衝突しました。プロテスタント系の民兵組織がカトリック住民に対してテロを仕掛けたり、カトリック住民と警察との間で暴動が何度も発生したりするなど、その激しさはイスラム原理主義の過激派と大差ありません（北アイルランド紛争）。

■「イスラム法」とは何か

ただ、イスラム原理主義者の行動が、先進国の人々にとって理解しにくい面を持っているのもたしかでしょう。

イスラム教の聖典である『コーラン』は、七世紀に預言者ムハンマドの言葉をまとめる形で成立しました。そこには、天使を通じて神がムハンマドに語ったとされる言葉が記されています。しかし、イスラム教の聖典はそれだけではありません。ムハンマド自身の言行録である『ハディース』（伝承）という聖典もあります。

そのコーランとハディースに書かれたことがイスラム教徒の行動の規範になるわけですが、どちらも一四〇〇年ほど前にできたものなので、現代人が「こういうときはどうすべき

か」と迷ったときの答えがあるとはかぎりません。しかしそこに書かれていない行動を取ることはできないので、聖典の内容がいまの時代では何を意味しているのかを「解釈」する必要があります。

日本国憲法もしばしば「解釈」が問題になることがあるので、それはわかるでしょう。自衛隊を設立するときも「戦力の不保持を定めた九条には違反していない」という解釈が行われましたし、安倍政権の集団的自衛権の行使容認も「解釈改憲」と呼ばれました。「婚姻は、両性の合意のみに基いて成立」すると定めた二四条も、以前は特に問題視されていませんでしたが、同性婚という問題が浮上したために、その解釈が問題になっています。本来の主旨は「当事者が合意していれば親（家長）の許可は必要ない」ということだと思いますが、「両性」と書いてあるので、男性同士、女性同士の婚姻は認められないように読めてしまう。

社会は、憲法制定時に想定した姿のままではいてくれません。

イスラム教では、コーランとハディースの解釈をイスラム法学者が行い、その解釈によって作られた共通理解を「シャリーア（イスラム法）」と呼びます。宗教の法律というと、人間の生き方に対する道徳的なお説教のようなものをイメージする人もいると思いますが、シャリーアはそれだけのものではありません。民法、刑法、行政法、国際法など幅広い法律の

内容を含んでいます。憲法に矛盾しない形でさまざまな法律が定められるのと同じように、イスラム社会ではコーランとハディースに矛盾しない形で法が定められるのです。

したがって、戦争のルールも基本的には七世紀のものと矛盾してはいけません。ムハンマドの時代にも戦争は頻繁に起きていたので、ハディースにはたとえば捕虜の扱いに関する記述もあります。それによれば、当時は捕虜をそのまま殺したり、奴隷にしたりすることもありました。身代金と引き換えに釈放することもありましたが、いずれもハディースに書かれている以上、神が許した行為だと解釈することができます。ムハンマドが神の意思に反することをすれば、神がそれを止めていたはずだからと考えられるからです。

■日本でもテロの嵐が吹き荒れたことがある

もちろん、現代のイスラム教徒がみんな「捕虜を殺してもOK」と思っているわけではありません。しかし聖典に忠実な原理主義者ほど、それに近い解釈をするでしょう。だから**過激派は、七世紀に行われていたことをそのまま現代でも実行します。**拉致した人質を使って身代金や政治的要求を突き付けるのも、その人質を殺害するのも、彼らにとっては「違法」ではありません。

270

ただし、それはあくまでも彼らの一方的な理屈です。現在の国際法では捕虜の虐待などが明確に禁止されていますから、殺害や身代金要求などが許されるわけがありません。そもそもイスラム過激派に捕らえられた人たちは、戦争における「捕虜」ですらない。現代社会の常識に照らせば、あれは「拉致監禁」「誘拐」といった犯罪行為です。

しかし、だからといって、イスラム原理主義者だけが世界史の中で特異な存在というわけではありません。その点は、よく理解しておくべきでしょう。キリスト教の世界でも、近代的な人権思想が定着する前の時代には、ずいぶんひどいことが行われていました。中世ヨーロッパでは「魔女狩り」によって捕らえられた人が火あぶりの刑に処せられたりしていたのです。

それに、テロに関しては日本人もイスラム過激派の悪口ばかりは言えません。戦後の日本にも、ほんの四〇年ほど前まで、過激な武装闘争を目指す人たちがいました。

日本共産党もそのひとつです。

一九五一年、日本共産党の徳田球一書記長は、意見の対立する幹部を排除して非公然体制を作り、反米武装闘争の方針を決めました。そこで組織されたのが「山村工作隊」です。全国の農村に武装したゲ中国共産党が農村を拠点に革命を起こしたのを真似たものでした。全国の農村に武装したゲ

リラ部隊を組織して、反米闘争を行うというものです。実際、革命を志す学生たちが農村に集まり、日本各地で交番の焼き打ちなどのテロ活動を行いました。

その後、日本共産党は一九五五年に自己批判を行い、武装闘争路線を否定しました。しかしその方向転換に納得しなかった人々が中心になって、「新左翼」と呼ばれる過激派グループを次々と結成しました。彼らは六〇年代の終わりから七〇年代の初めにかけて、ピース缶爆弾事件、よど号ハイジャック事件、あさま山荘事件、三菱重工ビル爆破事件など、さまざまなテロ事件を起こします。

■パレスチナにまで手を伸ばした日本赤軍

また、彼らが暴れたのは日本国内だけではありません。一九七一年に結成された日本赤軍は、パレスチナを拠点として数多くのテロ事件を起こしました。

彼らが海外に出たのは、「世界同時革命」という考え方に基づくものです。もともと共産主義革命は世界同時にやらなければ実現しないと考えるグループがいました。一国だけ革命を起こしても、資本主義国に囲まれていたのでは十分な政策を実行できないからです。ところが現実には、ロシアだけが先に革命を起こして、ソ連ができあがりました。世界同時革命

272

を目指す革命家たちにとって、ソ連は「裏切り者」なのです。

世界同時革命のために海外に拠点を持とうと考えた赤軍派は、まず、よど号ハイジャック事件を起こして北朝鮮に渡りました。その次は、資本主義の親玉であるアメリカやイスラエルと戦っているパレスチナ解放人民戦線（PFLP）との連携を選んだのです。

ちなみにその時期には、ドイツの過激派もパレスチナに入ってPFLPと連携しました。これと区別するために、それぞれ「日本赤軍」「ドイツ赤軍」を名乗ったわけです。当時はイタリアにも「赤い旅団」という極左過激派集団がありましたから、も

過激派「日本赤軍」が起こしたイスラエルのテルアビブ空港自動小銃乱射事件（1972年）

273

しそれもパレスチナに合流していたら、「赤い枢軸国」などと呼ばれてしまったかもしれません。これはブラックジョークですが。

パレスチナで結成された日本赤軍が最初に起こした大きなテロは、一九七二年のテルアビブ空港乱射事件です。一〇〇人以上の民間人を殺傷し、残酷な無差別テロとして国際社会に非難されました。この事件は、PFLPが「日本人は警戒されないのでパレスチナ人よりもテロを起こしやすい」と考えて、日本赤軍に依頼したとも言われています。その意味で、日本はパレスチナをめぐるテロ合戦とも無縁ではありません。

それ以外にも、ドバイ日航機ハイジャック事件、在クウェート日本大使館占拠事件、クアラルンプール事件、ダッカ日航機ハイジャック事件など、日本赤軍の起こした事件の名前ぐらいは、若い世代も見聞きしたことがあるかもしれません。アメリカの当局が日本赤軍を「国際テロ組織」と認定していた時期もあります。日本は「テロの輸出国」だったと言われても、返す言葉がありません。

そんなわけですから、特に宗教的な背景がなくても、社会はテロリストを生み出します。イスラエルとパレスチナの対立が「土地問題」に根ざしているのと同様、イスラム過激派によるテロも宗教的な情熱だけで起きているわけではなく、その背景には先進国との経済格差

の問題などが横たわっています。宗教についての理解はもちろん必要ですが、そこだけに目を奪われていたのでは、紛争の根本的な解決には至らないのです。

第八章

日本人が知らない
アフリカ、アジアでの「代理戦争」

■四半世紀以上も続いたアンゴラ内戦

ここまで、日本、アメリカ、ヨーロッパ、中東の戦後七九年を振り返ってきました。第二次世界大戦という惨禍を経験したにもかかわらず、その後もいかに世界が戦争ばかりしていたかがおわかりいただけるかと思います。

戦後の日本は一度も戦争をしなかったとはいえ、ベトナム戦争やイラク戦争などのアメリカの戦争には間接的に関わってきましたし、前章で見たように国際的なテロリストも出しています。決して「平和国家」として胸を張れるような立場ではありません。

さて本章では、まだほとんど触れていなかった地域の「戦後」について取り上げます。まずは、アフリカです。日本に住んでいると、馴染みがない地域です。アフリカ大陸、その戦後七九年も、平穏なものではありませんでした。各地で内戦が起こっています。その多くは、東西冷戦の影響を受けたものでした。朝鮮戦争やベトナム戦争と同様、米ソ両大国の「代理戦争」のような形で紛争が発生し、多くの人々が苦しんだのです。

その中でもいちばん典型的なパターンと言えるのが、一九七五年から二七年も続いたアンゴラ内戦でしょう。日本ではあまり報道されないこともあって、強い関心を持って見ている人は少ないでしょうが、ベトナム戦争が終わった頃に始まった内戦が、アメリカで同時多発

278

テロが起きた頃にもまだ続いていたのです。終結したのは、二〇〇二年のことでした。

一四世紀にコンゴ人によって建国されたコンゴ王国は、一六世紀の後半に「ポルトガル領アンゴラ」となります。それ以降、アンゴラは黒人奴隷の供給源となりました。一九世紀までに、ブラジル、アルゼンチン、キューバなどに三〇〇万人もの黒人が奴隷として連れて行かれたのです。

一九世紀終盤になると、アフリカには植民地を求めるヨーロッパの列強が群がり、支配権を奪い合いました。第一次世界大戦の前には、イギリス、フランス、ドイツ、イタリア、スペイン、ベルギー、ポルトガルの七カ国が、リベリアとエチオピア以外のアフリカ

内戦が代理戦争として激化したアンゴラ

コンゴ民主共和国

○ルアンダ

アンゴラ

ザンビア

ナミビア　　ボツワナ

アフリカの南西に位置するアンゴラでは 1975 年から 2002 年まで、内戦が続いていた

大陸を分割支配します。

そのアフリカ分割支配の原則が定まったのは、一八八四〜八五年にドイツの首都で開催された「ベルリン会議」でした。**現地のアフリカの人たちの意向をまったく聞かずに「ここは誰のものにするか」と相談したのですから、実に身勝手な話です。**

この会議を開くきっかけとなったのは、ベルギーのコンゴ進出でした。これに古くから進出していたポルトガルが反発して、コンゴ川河口地域の主権を宣言。イギリスがそれを支持しましたが、フランスはベルギーを支持します。それ以外にも各国の思惑がさまざまに絡み合い、アフリカをめぐる対立は深まるばかり。その利害を調整するために、ドイツの首相ビスマルクが国際会議を招集したのです。

その結果、コンゴ自由国のベルギー領有が認められ、ポルトガルはコンゴ川流域の大部分を失いました。その後、ポルトガルはイギリスとの対立によってザンビア、マラウイ、ジンバブエから撤退。一八九一年に、現在のアンゴラがポルトガル領になりました。

■ **独立戦争の主導権争いがいつの間にか米ソの対立関係に**

しかし第二次世界大戦が終わると、アフリカ諸国がヨーロッパの支配から脱し、次々と独

立します。アンゴラでは、一九六一年にアンゴラ解放人民運動（MPLA）が政治犯の解放を求めて刑務所を襲撃したのを引き金に、ポルトガル軍を相手にした独立戦争が始まりました。ただし、独立運動の牽引役はMPLAに一本化されていたわけではありません。

アンゴラ国民解放戦線（FNLA）とアンゴラ全面独立民族同盟（UNITA）という組織もあり、三者が主導権争いをしていました。それが、独立後に起きる内戦の伏線となりました。

独立戦争は、一九七五年まで続きました。

つまりアンゴラは、内戦が始まるまでに、すでに一〇年以上も戦争をしていたことになります。

第一次世界大戦後、分割されたアフリカ

（1914〜1918年）

イギリス領
ナイジェリア

チャド

イギリス保護領
ウガンダ

イギリス領
ゴールド・コースト

ドイツ領
カメルーン

イギリス領
東アフリカ

フランス領
ダオメー

ベルギー領
ゴンゴ

スペイン領
ギニア

ドイツ領
南西アフリカ

ポルトガル領
東アフリカ

ドイツ領
南西アフリカ

南アフリカ連邦

☐	ベルギー
☐	フランス
■	ドイツ
▨	イギリス
▨	イタリア
▨	ポルトガル
▨	スペイン
☐	独立国

ベルリン会議でアフリカは欧州諸国によって一方的に分割された

その年の一月にMPLA、FNLA、UNITAの三者が独立に関する協定を結び、三月にはポルトガルと休戦協定を調印しました。このとき独立運動組織の中で最大勢力を持ち、首都ルアンダを掌握していたのは、MPLAです。普通なら、MPLAを中心とした政権が独立を宣言することになるでしょう。

ところが、ここで大国による横槍が入りました。MPLAはソ連とキューバの支援を受けていたので、**世界のどこであれ共産化を食い止めたいアメリカとしては、黙って見ているわけにはいきません。**FNLAとUNITAを支援して、東側に対抗します。また、アメリカとの国交を回復していた中国も、当時は同じ社会主義国でありながらソ連と対立していたため、UNITAを支援し始めました。

そうなると、東側も力が入ります。**キューバ危機以降、アメリカと敵対関係にあったキューバは、MPLAを支援するために四〇〇人もの軍事顧問団をアンゴラに送り込んだのです。**カリブ海の島国とアフリカの小国の間にこのような関係が生じるのは不思議と言えば不思議な話ですが、そんなことが当たり前のように起こるのが冷戦下の世界だったのです。

内戦が始まると、このキューバ軍事顧問団の指揮するMPLAは強力でした。ルアンダに侵攻したFNLAは、そこで大敗を喫します。さらに一〇月には、反アパルトヘイトを掲げ

るMPLAを倒すべく南アフリカがアンゴラに攻め込みましたが、今度はキューバ軍がルアンダに上陸してこれに対抗。ソ連も、軍を派遣するまでには至りませんでしたが、兵器や物資を大量にMPLA側に供給しました。

そんな内戦が続く中で、一九七五年十一月にMPLAが「アンゴラ人民共和国」の独立を宣言します。一方のFNLAとUNITAも、これに負けじと「アンゴラ人民民主共和国」の独立を宣言。「二つのアンゴラ」ができてしまったのです。

■二七年間の内戦で三六〇万人もの犠牲者が

ただし、ソ連とキューバに加えて、アフリカ諸国の多くもMPLA政権のほうをすぐに承認したので、国際的な立場はどちらかというと「アンゴラ人民共和国」のほうが上になったと言えるでしょう。その後もUNITAはアメリカと南アフリカの支援を受けながらゲリラ戦を展開しましたが、FNLAのほうは一九八四年に降伏しています。

内戦がいったん終息に向かったのは、一九九一年のこと。冷戦が終われば、米ソの代理戦争としての側面がなくなるので、当然の流れと言えるでしょう。MPLA政権が社会主義路線を捨て、一党独裁をやめて複数政党制の導入を決めたことで、和平の気運が高まりま

た。かつての宗主国であるポルトガルが仲介して、MPLAとUNITAはリスボンで和平協定に調印します。

しかし、内戦はそれからさらに一〇年ほど続きました。選挙結果をめぐる対立などもあり、**政府軍とUNITAが武力衝突を繰り返したのです。**UNITAは、ダイヤモンドの密輸によって資金を得ていました。一九九四年には国連の仲介でいったんは和平が成立しましたが、UNITAの武装解除がうまくいかず、戦火がやみません。

その抗争にようやく終止符が打たれたのは、一九九八年に国連がUNITAのダイヤモンド取引を禁止し、資金源を断ったことがきっかけです。さらに二〇〇二年二月には、UNITAのリーダーだったサヴィンビという人物が戦死しました。それから二カ月後に休戦協定が結ばれ、二七年間にもおよんだ内戦が終結。**独立戦争が始まった一九六一年から数えれば、四二年ぶりに平和が訪れたことになります。**

この内戦では、三六〇万人もの死者が出ました。期間が長いとはいえ、一国の内戦における犠牲者がアジア・太平洋戦争における日本の戦没者数よりはるかに多いのですから、それがいかに激しいものだったかがわかるでしょう。

しかも、これは第二次大戦後のアフリカで起きた内戦のひとつにすぎません。たとえばス

ーダンの内戦でも、二〇〇万人近くの死者が出ています。アフリカ全体でどれだけの犠牲者が出ているのか見当もつきません。

その後、アンゴラは平和になり、ダイヤモンドや石油の輸出によって経済的にも発展していますが、内戦の後遺症は深刻です。国連の推定では、アンゴラに残されている地雷は数百万発。戦闘は終わりましたが、その地雷によっていまも毎年のように死者が出ています。

「戦後処理」は、まだ終わっていません。

■ソマリアの南北対立

もうひとつ、ソ連とキューバが関わったアフリカの内戦を紹介しておきましょう。一九八〇年代に始まり、現在も続いているソマリア内戦です。

国名は見聞きしたことがあっ

アフリカの紛争ダイヤモンド（紛争の資金源）をテーマにした映画『ブラッド・ダイヤモンド』は、内戦に巻き込まれる少年兵の実態も描いている

285

ても、ソマリアがどこにあるのか把握していない人も多いでしょう。アフリカ大陸の東端、インド洋に向かって突き出した「アフリカの角」と呼ばれる半島にあるのがソマリアです。かつては「ソマリランド」と呼ばれており、一九世紀の終盤から、北部をイギリス、南部をイタリアが支配してきました。

第二次大戦後の一九六〇年、まず北部のイギリス領が「ソマリランド」として独立を果たします。その五日後には、南部もイタリアから独立。南北が統合されて、「ソマリア共和国」となりました。しかし、一九六九年にクーデターが起こります。大統領を暗殺して軍部が実権を握り、国名を「ソマリア民主共和国」にあらためました。翌年には社会主義国家となることを宣言し、ソマリ社会主義革命党による独裁体制になります。

クーデターによって大統領に就任したモハメド・シアド・バーレ少将は、「大ソマリ主義」を唱え、ソマリ族（人）がひとつの国家を作るべきだと主張しました。ソマリアは人口の大部分がソマリ人ですが、隣国エチオピアのオガデンという地方にもソマリ人はいます。バーレの主張は、彼らの民族意識を煽り立てました。

その結果、一九七七年にオガデン地方に住むソマリ人がエチオピアからの分離独立を求めて反乱を起こします。軍事支援を行ったソマリアは、エチオピア軍と戦闘状態に入りました

（オガデン戦争）。

ここで介入したのが、ソ連とキューバです。ソマリアは社会主義国となりましたが、支援を受けたのはそちらではありません。エチオピアは、一九七四年に軍部が皇帝を逮捕して廃位に追い込み、**社会主義国家としてソ連の半衛星国**になっていました。そこからの分離独立をソ連が許すわけはありません。**ソマリア軍は、ソ連とキューバの支援を受けたエチオピア軍に撃破され、ソマリアは経済的にも大きなダメージを受けました。**

結局、戦争は一九八八年に終結しました。しかし、戦争で国が苦しい状態になったにもかかわらず、バーレ大統領は国内の所得格差が広がるような政治を行いました。自分の出身地である南部の有力氏族を優遇し、北部の農産物などを輸出して得た外貨を南部の開発にばかり使ったりしたのですから、北部の不満が高まります。

そのためソマリア国内では反政府勢力が台頭し、武装闘争を始めました。一九九一年一月には、反政府勢力の統一ソマリ会議（USC）が首都モガディシュを制圧してバーレ大統領を追放します。しかし、これで一件落着とはなりません。それまで「反政府」で結束していた各勢力の間で、内部抗争が始まります。「敵の敵は味方」という形で共闘していたので、共通の敵がいなくなれば味方ではいられなくなってしまうのです。

■内戦の過程でイスラム原理主義が台頭

ここからが、ソマリア内戦の始まりです。バーレ大統領を追放後の一九九一年五月には、かつてイギリス領だった北部地域が「ソマリランド共和国」として独立を宣言し、ソマリアは南北に分裂します。

さらに、南部のUSCもアリ・マフディ・モハメド暫定大統領の一派と軍部のアイディード将軍の一派が対立し、内輪モメ状態となりました。アイディード派の攻撃を受けたモハメド暫定大統領は、モガディシュから脱出。一九九一年十二月、国連にPKO部隊の派遣を要請しました。

その一年後、国連安保理は米軍を中心とする多国籍軍をソマリアに派遣します。これに対抗して、アイディード将軍は国連に宣戦布告を行い、パキスタン軍の兵士二四名を殺害しました。それをきっかけに一九九三年一〇月、米軍とソマリア軍の間で「モガディシュの戦闘」と呼ばれる激戦が始まりました。

この戦闘を計画した米軍はアイディード派の幹部二人を捕らえることを目的としており、当初は「三〇分程度で作戦終了」の腹づもりだったと言います。ところが予想外の激しい抵抗に遭い、所期の目的は達成したものの、一五時間もの戦闘になってしまいました。しか

288

も、二機のヘリコプターを撃墜され、一八名もの米兵が殺害されています。

後にその米兵の遺体は裸にされ、住民に引きずり回されました。その残酷な映像がアメリカのニュース番組で流されると、アメリカ国内で「ソマリアから撤退すべし」という声が高まります。**戦場の現実を目の当たりにしたことで世論が厭戦ムードに包まれるのは、ベトナム戦争と似た展開と言えるでしょう。**翌一九九四年、クリントン政権はソマリアからの撤退を決定しました。

多国籍軍の中心的存在である米軍が撤退したので は、国連のPKO活動も継続できません。一九九五年三月には、PKO部隊が完全に撤収しました。

その後は、アイディード派も分裂して戦い始めましたから、収拾がつきません。一九九八年七月には

内戦により分断されたソマリア

エチオピア

ジブチ

ハルゲイサ

ソマリランド共和国
1991年、いち早く独立を宣言。複数政党制の民主主義を実現し、安定した自治を行っている。

ガローウェ

オガデン地方

プントランド
1998年、北東部の氏族が自治宣言して樹立した自治政府。ソマリア沖に出没する海賊の拠点があるとも言われている。

ソマリア

イ　ン　ド　洋

バイドア

モガディシュ

南西ソマリア
2002年、南西部の氏族が樹立した自治政府。

ケニア

イスラム法廷会議(ICU)
2006年に結成されたイスラム原理主義組織。急速に勢力を拡大し、暫定連邦政府と対立。アメリカからテロ組織に指定されている。

北東部の氏族が「プントランド」の樹立を宣言したり、二〇〇二年四月には南西部の氏族が自治政府「南西ソマリア」の樹立を発表したりするなど、ソマリア情勢は混迷の度合いを深めます。

そうこうしているうちに、南部では「イスラム法廷会議（ICU）」というイスラム原理主義組織が台頭しました。女性の権利を抑えつけるなど、アフガニスタンのタリバンに似た組織です。

二〇〇六年六月には、このイスラム法廷会議が首都モガディシュを制圧しました。アルカイダとも関係があるのではないかと疑われる組織ですから、こうなるとソマリアから軍を撤退させたアメリカも放ってはおけません。

また、イスラム原理主義者の台頭は、キリスト教国の隣国エチオピアにとっても憂慮すべき事態です。そのためエチオピアは、数千人の部隊をソマリアに駐留させ、イスラム法廷会議と戦うソマリア暫定連邦政府（TFG）に武器を供与しました。ソマリアへの武器供与を禁じた国連決議に反する行動でしたが、アメリカがそれを支持したこともあって、エチオピアは引き下がりません。

■アル・シャバーブに合流を求めるIS

そして二〇〇六年十二月、暫定連邦政府の拠点であるバイドアで、イスラム法廷会議軍と暫定連邦政府軍・エチオピア軍が戦闘状態に突入します。国連安保理では「外国軍隊の即時撤退」が提案されましたが、イギリスとアメリカが反対したため採決にも至りません。

戦闘は、暫定連邦政府軍・エチオピア軍の勝利に終わりました。そこには、米軍の特殊部隊もアドバイザーとして参加していたことが後に判明しています。ソマリランド共和国やプントランドなどの一部の地域を除いてソマリア全土を制圧したとはいえ、外国勢力の力を借りているのですから、暫定連邦政府の基盤は強くありません。エチオピア軍の駐留に反対する市民のデモも起こり、軍や警察との銃撃戦も発生しました。そのため国連が仲介に入り、エチオピア軍は二〇〇九年に撤退します。

イスラム法廷会議も、消えてなくなったわけではありません。残党がソマリア再解放同盟（ARS）という組織を結成する一方、若手集団がアル・シャバーブ（青年部）という別組織を作ります（二〇〇七年）。急速に勢力を拡大したアル・シャバーブは二〇〇九年一月、エチオピア軍の撤退後にバイドアを占拠。二〇一〇年十二月にはソマリア南部のほとんどを掌握するほどになりました。

そこで、今度はケニア軍がソマリア暫定連邦政府軍とタッグを組みます。アル・シャバーブがケニアを脅かす存在になっていたからです。これをきっかけにアル・シャバーブは形勢不利になり、二〇一二年、拠点にしていたキスマヨという都市を暫定連邦政府に明け渡しました。

その年の九月には連邦議会で大統領が選ばれ、一一月には内閣が発足。それまで「暫定」だった政府は外国からも承認され、正式な政府となりました。いまに続くソマリア連邦共和国です。

このように、植民地支配からの独立後にソマリアがたどった道筋は実に複雑です。自衛隊が海賊対策のためにソマリア沖に派遣されているので、日本人の多くはソマリアと聞くと「あの海賊の出るところでしょ？」と反応するかもしれません。ソマリア国内で内戦が続き、仕事を失った人たちが海賊になっていたのです。ソマリアは一九七七年から三十数年間、ソ連、キューバ、アメリカ、エチオピアなどの外国勢力も絡みながら、混乱をきわめていました。

しかも、その内戦が生んだイスラム原理主義組織のアル・シャバーブはまだ健在です。二〇一二年には、アルカイダへの忠誠を宣言していました。これは当然、アメリカの攻撃対象

ソマリアは代理戦争によって内戦が激化した

1960年	北部のイギリス領がソマリランドとして独立。その5日後には南部のイタリア領も独立し、南北統合でソマリア共和国が発足
1969年	バーレ少将がクーデターを起こし大統領暗殺。軍部が実権を握り、国名をソマリア民主共和国に変更。翌年には社会主義国家を宣言
1977年	オガデン戦争勃発

ソマリア軍 （ アメリカ ） VS エチオピア軍 （ ソ　連 ）
　　　　　（ 中　国 ）　　　　　　　　　　　　　　（ キューバ ）
　　　　　（ ルーマニア ）

1988年	冷戦の終わりと共に10年もの戦争が終結

ソマリア内戦の始まり

1991年	弱体化したバーレ大統領は反対派の弾圧を強化するが、反政府勢力の統一ソマリ会議（USC）に首都を制圧され、逃亡
	旧イギリス領の北部がソマリランド共和国を自称し、独立宣言
	アイディード将軍派から攻撃されたモハメド暫定大統領が国連にPKO部隊派遣を要請。翌年、国連は多国籍軍を派遣
1993年	アイディード将軍が国連に対して宣戦布告

ソマリア軍 VS 多国籍軍（中心はアメリカ軍）

1995年	国連PKO部隊撤退
1998年	北東部の氏族が自治宣言、プントランドを樹立
2002年	南西部の氏族が南西ソマリアとして独立宣言
2005年	暫定連邦政府（TFG）成立
2006年	バイドアにて暫定連邦政府とイスラム法廷会議（ICU）の内戦が勃発

暫定連邦政府軍 （ エチオピア ） VS イスラム法廷会議軍

2009年	イスラム法廷会議の青年集団アル・シャバーブがバイドアを占拠

暫定連邦政府軍 （ ケニア ） VS アル・シャバーブ軍

2012年	暫定連邦政府が諸外国から国家として承認され、ソマリア連邦共和国が発足

になります。実際、アメリカは二〇一四年九月に行った対テロ作戦で、アル・シャバーブの指導者アハマド・アブディ・アウ・ムハンマドを殺害しました。

そのアル・シャバーブを取り込もうとしたのが、ISです。二〇一五年五月には、アルカイダから離反して自分たちISに合流し、欧米との対決に加わることをアル・シャバーブに求めるビデオを公開しました。ISとの連携という点では、「ナイジェリアのタリバン」と呼ばれる過激組織「ボコ・ハラム」の動きもあります。ボコ・ハラムは二〇一五年、ISに忠誠を誓いました。アル・シャバーブがISに合流することはなかったようですが、反米勢力としてテロを続けることは間違いないでしょう。

ソマリアの内戦は、もともと冷戦下でソ連とキューバが介入したことから始まりました。それが現在では、イスラム過激派とアメリカの対立構造の一部になっている。ある意味で、戦後七九年を象徴するような成り行きと言えるかもしれません。

■**CIAが画策したカンボジアのクーデター**

次に、アジアにおける「代理戦争」をひとつ紹介しておきましょう。

アジアでは、すでに取り上げた朝鮮戦争とベトナム戦争も、米軍が直接介入した点で、東

西冷戦を反映したものでした。しかしもうひとつ、戦後七九年を振り返る上で忘れることの
できないものがあります。一九七〇年から一九九三年まで続いたカンボジアの内戦です。こ
れも、東西の両陣営が現地勢力を支援した「代理戦争」でした。

第二次大戦の終結から四年後の一九四九年にフランス領インドシナから独立したカンボジ
アは、ノロドム・シアヌーク国王によって統治されていました。その国際的な立ち位置を難
しくしたのは、隣国で始まったベトナム戦争です。

カンボジアはベトナムの支配を受けたこともある国ですから、インドシナの大国を敵に回
すわけにはいきません。しかも、北ベトナムが南ベトナム解放民族戦線に支援物資を送る
「ホーチミン・ルート」はカンボジア領内を通ります。東西冷戦が始まって以来、シアヌー
クはどちらの陣営にも属さない中立的な政策をとっていましたが、ベトナム戦争では反米的
な態度を取らざるを得ませんでした。

ベトナムで苦戦しているアメリカはこれを何とかしようと考えます。そこで、CIAが裏
で糸を引いてクーデターを起こさせます。一九七〇年三月、シアヌークがモスクワを訪問中
のことでした。将軍のロン・ノルが首相の座に就いたのです。

祖国に帰れなくなったシアヌークは、中国政府の支援を受けて北京に住みながら、カンボ

ジア共産党と組んで反ロン・ノルの共闘組織「カンプチア民族統一戦線」を結成します。そのカンボジア共産党の指導者が、あのポル・ポトでした。

しかし、後にポル・ポトがどんなことをやるのか、当時はまだ誰も知りません。米軍がカンボジア領内の北ベトナム軍基地を叩くために爆撃を繰り返し、農村の若者たちを怒らせたこともあって、ポル・ポトらが中心となって広めた反ロン・ノル、反米軍のゲリラ活動は農村で強い支持を得ました。

一九七三年に米軍がベトナムから撤退すると、後ろ盾をなくしたロン・ノル政権は一気に弱体化します。もともとベトナム戦争のために成立させた政権ですから、アメリカは関心を失います。ロン・ノルは一九七五年四月に国外へ亡命します。カンプチア民族統一戦線の軍

ベトナム戦争に巻き込まれたカンボジア

北ベトナム
●ハノイ
ラオス
軍事境界線
ホーチミン・ルート
南ベトナム解放民族戦線
カンボジア
プノンペン ○
サイゴン
（現ホーチミン）
南ベトナム

北ベトナムから南ベトナム民族解放戦線まで続くホーチミン・ルート

隊が首都プノンペンを陥落させたのは、隣国で北ベトナムがサイゴンを陥落させる一三日前のことでした。

ここから、カンボジア国民にとっては悪夢のような時代が始まります。特にプノンペン市民は、「ようやく内戦が終わった」とポル・ポトの軍隊を歓迎したことを、たちどころに後悔したでしょう。**二〇〇万人のプノンペン市民が財産や身分を剝奪されて市内から追い出され、郊外の農村へ強制移住させられたからです。**

■知識人を敵視したポル・ポト政権

農村でゲリラ戦を戦ってきたポル・ポト派は都市の住民を敵視しており、「都市住民の糧（かて）は都市住民自身に耕作させる」という考え方を持っていました。もちろん、それは住民を追い出すための口実にすぎません。資本家や学者などが都市からいなくなれば、自分たちの地位は安泰になると考えたのです。都市から追い出すだけでなく、反乱分子になりそうな人間は容赦なく処刑されました。カンボジアの発展に尽くそうと外国から戻ってきた留学生や企業家なども殺害されています。

ポル・ポト政権がとりわけ強く敵視したのは、知識人でした。読み書きのできる者はもち

ろん、メガネをかけているだけで「知識人」と見なされて殺されたほど。その根底には、「原始共産制」とも言うべき思想がありました。

ポル・ポト政権の政策は、実に極端なものです。貨幣は廃止され、宗教は禁止。そのため寺院は破壊されました。さらに、学校や病院も廃止になり、国民はみんな共同農場に所属させられます。家族も解体され、全員が黒い農民服を着て一緒に食事をする。子どもたちは五歳か六歳で親から引き離されました。

そうやって農場で働く国民に、教育や知識など必要ありません。**「肉体労働がすべての基本」です。その思想を徹底して知識人を抹殺し、教育も行わなかったために、カンボジアには読み書きのできる国民がほとんどいなくなってしまいました。**しかし専門知識がなかった

親米派のロン・ノルによって追放された
シアヌーク国王

ため、肝心の農業もうまくいかず、カンボジアでは飢餓も広がります。

そのように国民を苦しませる一方で、ポル・ポトは反ベトナムの姿勢を強めました。国民の間に政府への不満が高まってきたときは、外に敵を作るのが権力者の常道です。昔から何度もベトナムの侵略を受けてきたカンボジア国民は、もともと反ベトナム意識を持っていますから、それを利用しない手はありません。**「政府のやっていることは正しいのにカンボジアの国民生活が苦しいのはベトナムのせいだ」というありもしないストーリーをでっち上げたポル・ポト政権は、一九七八年一月からベトナム領内への攻撃を繰り返しました。**

■ポル・ポトは毛沢東路線の失敗に学ばなかった

これに対してベトナムは、自国内に逃げ込んでいたカンボジア難民に救援を求められたという体裁を取って、反撃しました。かつてポル・ポト軍の幹部だったヘン・サムリンを議長とする「カンプチア救国民族統一戦線」を組織し、それを先頭に立ててカンボジアに侵攻したのです。一九七九年一月のことでした。

ポル・ポト政権はわずか二週間で崩壊し、親ベトナムのヘン・サムリン政権が樹立されました。このとき世界は初めて、ポル・ポト政権下のカンボジアで何が起きていたのかを知

り、愕然（がくぜん）とします。カンボジア国内のあらゆる場所から、掘ればいくらでも白骨死体が出てきたのです。**三年八カ月の間に粛清や飢餓によってポル・ポト政権の犠牲になった人々の数は、一〇〇万人とも三〇〇万人とも言われています。**人口わずか六〇〇万人の国でそれだけの犠牲者が出たのですから、この世の地獄としか言いようがありません。

では なぜ、このような悲劇が起きてしまったのでしょうか。

文化大革命が始まる時期に中国にいたことのあるポル・ポトは、毛沢東の影響を受けていました。そこで、「共産主義とはこういうものだ」と思い込んだのでしょう。ポル・ポト政権です。中国で毛沢東のやろうとしたことをカンボジアで極端に推し進めたのが、ポル・ポト政権です。

しかし、成功例に学ぶならともかく、毛沢東路線は中国で大失敗に終わっています。中国

共産主義社会を実現しようとしたポル・ポト

300

は、経済でアメリカやイギリスを追い越すべく、一九五八年から一九六〇年にかけて「大躍進政策」という農業と工業の大増産政策を実施しましたが、社会は大混乱に陥り、二〇〇〇万人とも五〇〇〇万人とも言われる餓死者を出してしまいます。毛沢東が自己批判をしたのは、生涯でこのときただ一度だけでした。

その後、いったん国家主席を辞任した毛沢東が権力復帰を画策して起こしたのが、文化大革命です。つまりポル・ポトは、大躍進政策が失敗に終わった後の中国にいた。にもかかわらず毛沢東の真似をしたのは、

カンボジア内戦は中米、中ソの代理戦争だった

年	
1949年	ノロドム・シアヌーク国王がフランス領インドシナからカンボジアの独立を宣言
1964年	ベトナム戦争勃発。カンボジアは中立の立場に
1970年	ＣＩＡが仕組んだ軍事クーデターにより、シアヌーク政権は崩壊。ロン・ノルが首相となり、親米のクメール共和国が誕生
1975年	ベトナム戦争終結。ロン・ノルと共産主義勢力クメール・ルージュ（ポル・ポト派）が対立
ロン・ノル軍 アメリカ VS クメール・ルージュ軍 中 国	
1978年	ポル・ポト派の勝利。以後、弾圧が始まる。ベトナムがカンボジアからの難民と共に「カンプチア救国民族統一戦線」を組織し、ポル・ポト派と交戦。クメール・ルージュ体制は崩壊し、親ベトナムの新政府が樹立
1979年	中ソ対立からソビエト連邦と関係の強いベトナムと中国との対立が表面化。カンボジア侵攻への懲罰としてベトナムを攻撃（中越戦争）
ベトナム軍 ソ 連 VS 中 国	
1989年	ベトナムがカンボジアから撤退
1995年	ベトナムがASEANに加盟
1999年	カンボジアがASEANに加盟

大躍進政策の実態が極秘にされていたからでしょう。

情報がないのでは、人間は歴史に学ぶことができません。それは、ベトナム戦争と湾岸戦争の印象の違いを比べても明らかです。自由な報道がなされたベトナム戦争では、戦場の実態がリアルに伝わり、反戦運動が盛り上がりました。逆に、報道が規制された湾岸戦争は、「きれいな戦争」だったかのように誤解されています。

そして、過去に何が起きたかを正しく知らなければ、人間は反省することができません。戦後の世界は多くの国々が過ちを繰り返してきましたが、その中でもポル・ポト政権の犯した過ちは最大級のものだったと言えるでしょう。

■ASEANに社会主義国のベトナムが加盟。その意味とは

ポル・ポト政権が打倒されて以降も、カンボジアでは内戦が続きました。その背景にあったのは、ベトナムと中国の対立です。

当時の中国は、ソ連との関係が悪化していました。一方のベトナムは、アメリカと中国が国交を回復して以来、ソ連との結びつきを強めています。「敵の仲間は敵」ですから、中国はベトナムがカンボジアに侵攻したことが気に入りません。

そのため、ヘン・サムリン政権が成立した直後の一九七九年二月、中国はベトナムに侵略しました。これが「中越戦争」です。

しかし、当時の中国人民解放軍は、外国に侵攻できるほどの実力を持ち合わせていませんでした。一方のベトナム軍は、ソ連からの軍事援助を受け、さらに米軍が南ベトナムに残した大量の兵器を持ち、しかも対米戦争を経て練度が上がっています。惨敗した人民解放軍は、翌月にはベトナムから撤収してしまいました。

中国はその後、カンボジアとタイの国境付近に逃げ込んでゲリラ活動を始めたポル・ポト派に武器や弾薬を供給することで、ベトナムに対抗します。それに力を得たポル・ポトは、タイの難民キャンプに逃げ込んだカンボジア難民を組織して、再び自分の軍隊を編成しました。**こうして、ベトナム対中国の代理戦争のような形で、再びカンボジア人同士が殺し合う状態になってしまったのです。**

国際社会では、ヘン・サムリン政権を傀儡（かいらい）として使いながら長くカンボジアに駐留するベトナム軍への批判も高まりました。一九八四年の東南アジア諸国連合（ASEAN）外相会議では、駐留ベトナム軍に対する共同非難宣言も採択されます。しかしベトナム軍はカンボジア内戦への介入をやめず、一九八五年一月には反ベトナム派の拠点に攻勢をかけ、相手の

軍事力を壊滅状態にまで追い込みました。

しかし、東西冷戦の終結が近づくにつれて、カンボジア情勢も大きく変化します。経済危機に陥ったソ連からの支援が受けられなくなると、ベトナムとしてはいつまでもカンボジアに駐留してはいられません。自国の経済にダメージを与えることになってしまいます。それに、国際社会からの経済援助を受けるためには、批判を受けているカンボジア駐留をやめたほうが得策でした。

結局、ベトナム軍は一九八九年九月にカンボジアから撤退します。ここでようやく、カンボジア和平へ向けた気運が高まりました。一九九〇年六月には日本でカンボジア和平東京会議、翌一九九一年一〇月にはフランスでカンボジア和平パリ国際会議が開催され、対立していた各派が最終合意文書に調印。これによって内戦が終結すると、翌一九九二年から明石康さんが事務総長特別代表を務める国連カンボジア暫定統治機構（ＵＮＴＡＣ）が活動を始めました。

そして一九九三年、国連の監視下で総選挙が行われ、シアヌークの次男ラナリットを第一首相、カンボジア人民党のフン・センを第二首相とする「二人首相制度」の新政権が誕生したのです。日本の自衛隊がカンボジアに派遣されたことを覚えている方も多いでしょう。こ

のときはUNTACの任務として、陸上自衛隊の施設部隊が戦乱で破壊された道路や橋の補修にあたりました。

また、一九九五年にはベトナムが、一九九九年にはカンボジアが、ASEAN加盟国となりました。**ベトナム戦争が行われていた一九六七年に成立したASEANは、東南アジアの共産化を防ぐために作られたものです。そのASEANにベトナムが加盟したのは、冷戦の終わりを象徴する出来事と言えるでしょう。**もはやASEANは社会主義への防波堤ではなく、イデオロギーの違いを超えた東南アジアの地域共同体としての存在感を期待されているのです。

第九章

バックミラーに見える歴史から学ぶこと

■私たちは「戦後」をいつまで続けることができるか

こうして第二次世界大戦後の七九年を振り返っていると、「戦後」という言葉が空しく感じられてくる人もいるでしょう。高度経済成長期の日本では『戦争を知らない子供たち』という反戦ソングがヒットしましたが、日本人が「戦後」の平和を謳歌している間も、世界では常にどこかで戦火が交えられ、多くの犠牲者が出ていました。**世界には、むしろ「戦後を知らない子どもたち」のほうが多いかもしれないぐらいです。**

いや、日本国内も決して戦争と無縁だったわけではありません。

たとえば沖縄は、アメリカの統治下にあった時代から現在に至るまで、米軍基地の問題を抱えています。朝鮮戦争でもベトナム戦争でも、米軍は沖縄の基地から戦場へ向かっていきました。日米同盟によって、日本はアメリカの世界戦略に組み込まれています。冷戦下では「西側」の一員として一定の役割を果たしましたし、冷戦終結後も湾岸戦争やイラク戦争で米軍を支援しました。

その意味では、日本にも世界にも「戦後」などなかったのではないかと言いたくもなります。太古の昔に武器を手にして以来、人類社会はずっと「戦中」だという言い方もできるでしょう。

とはいえ、「戦後」という枠組みにまったく意味がないわけではありません。一九四五年以降、人類は破滅的な規模の世界大戦だけは防いできました。キューバ危機を見ればわかるように、それは「恐怖の均衡」という薄氷を踏むような手段によるものですが、とにかく第三次世界大戦は起きていません。もしそれが勃発したら、その時点で「戦後」は終わりです。いつまでも「第二次大戦後」の世界であり続けることが、私たち人類にとって最低限の努力目標だと言えるでしょう。

第一次大戦後の国際社会は、その目標を達成できませんでした。あのときは、「戦後」がほんの二〇年程度で終わっています。

もちろん、大戦を反省しなかったわけではありません。「戦争はもうごめんだ」と懲りて、それを防ぐ手立ても講じられました。その最たるものが、人類史上初の国際的平和機構である国際連盟の設立です。

国際連盟は、「世界大戦」が終わる前から準備されていました。一九一八年一月、アメリカ大統領のウッドロー・ウィルソンが、議会の演説で発表した「一四ヵ条の平和原則」の中で「国際平和機構の設立」を提唱したのが最初です。終戦後のパリ講和会議でも、それが重要な議題となりました。

一九二〇年一月に発足した段階での原加盟国は、イギリス、フランス、イタリア、日本など四二カ国。日本は常設委員会の常任理事国のひとつでした。さらに一九二六年には敗戦国のドイツ、一九三四年にはソ連も常任理事国として加盟します。その時点で、加盟国数は最大の六〇カ国になりました。

■国際連盟の失敗に学んで生まれた国際連合の「拒否権」

ところが、最初から最後まで国際連盟に加盟しなかった大国があります。「言い出しっぺ」のアメリカです。自国の大統領が提唱した国際機関であるにもかかわらず、モンロー主義（孤立主義）を貫く上院の反対で、国際連盟設立の根拠となる条約が批准されませんでした。そのため国際連盟は、スタートしたときから基盤の弱いものになってしまったのです。

日本は新渡戸稲造が事務局次長に選出されるほど国際連盟で重要な地位を占めていましたが、満州事変をきっかけにして、一九三三年に脱退しました。中華民国の提訴を受けて連盟から派遣されたリットン調査団が「満州事変は日本の正当防衛には当たらない」と結論づけ、満州を中国に返還することを求めた報告書が総会で承認されたからです。全権大使の松岡洋右は、「もはや日本政府は連盟と協力する度量の限界に達した」と表明して、議場から

310

立ち去りました。

同じ年にヒトラー内閣が成立したドイツも、軍備の制限などを不満として連盟を脱退します。さらにイタリアも、エチオピア侵略に対する経済制裁などに反発して一九三七年に脱退しました。「枢軸国」と呼ばれる日・独・伊が揃って国際連盟を脱退したことで、第二次世界大戦へのレールが敷かれてしまったわけです。

そのため、第二次大戦後の一九四五年に発足した国際連合（United Nations）は、国際連盟の失敗から得た教訓をもとにつくられました。国際連合が国際連盟といちばん大きく異なるのは、意思決定

国際連盟総会で演説後、退場する松岡洋右。日本の新聞は「わが代表堂々退場」と報じ、国内では英雄として扱われた

の手続きです。

　国際連盟は加盟国に平等な議決権が与えられていましたが、国際連合では安全保障理事会の常任理事国に拒否権を認めました。第二次大戦の戦勝国であるアメリカ、イギリス、フランス、ロシア（当初はソ連）、中華人民共和国（一九七一年までは中華民国）の五カ国です。安全保障理事会は、これに任期二年の非常任理事国一〇カ国を加えた一五カ国で構成され、議案の可決には五つの常任理事国を含めた九カ国の賛成を得なければなりません。常任理事国が一カ国でも反対すれば、ほかの一四カ国が賛成でも否決されるわけです。

　誰がどう見ても不公平なシステムですが、これは国連を機能させるための苦肉の策だと言えるでしょう。国際連盟を脱退した日・独・伊は、いずれも常設委員会の常任理事国でした。重要な位置を占める大国に脱退されたのでは、安定した機構にはなりません。そんなことになるよりは、気に入らない議案には拒否権を発動して国連の枠組みに留まってもらったほうがいい、という考え方です。

　しかし、たしかに拒否権を与えれば大国の脱退は防ぐことができますが、議決に多数意見が反映されなければ、意思決定はままなりません。しかも、拒否権を持つ常任理事国には、東西冷戦で対立した米ソ両大国が含まれています。そのため**国連による紛争の調停などがな**

312

かなか機能せず、「国際社会の意思」よりも「アメリカやソ連の意思」が優先され、小国の戦争や内戦などが大国の思惑に振り回されることになりました。

■バックミラーに映る風景から「未来」を予想する

もっとも、国連が発足したのはジョージ・ケナンが長文電報でソ連の封じ込めを提言する前のことですから、当初は戦後の冷戦構造までは予見していなかったでしょう。また、最初に常任理事国となった「中国」は、共産党の中華人民共和国ではなく、国民党の中華民国でした。

ソ連と中国を含めて、安保理の常任理事国はいずれも第二次大戦の戦勝国ですし、そもそも「United Nations」は直訳すれば「連合国」のことです。**いまだに日本やドイツなどに関する「敵国条項」が残っていることからもわかるように、もともとは戦勝国クラブのようなものでした。**GHQが日本を「二度と戦争のできない国」に生まれ変わらせたように、「勝った国が負けた国を押さえ込む」のが戦後秩序の基本であり、国連も基本的にはそういう構造です。

ところがその戦勝国同士が、冷戦によって核戦争勃発寸前になるまで厳しく対立するよう

になりました。これは、いささか想定外の展開だったのではないでしょうか。

人間の社会が将来どうなるかを完全に知ることはできません。私たちは未来に向かって進んでいますが、その未来は見ることができない。できるのは、過去の出来事から未来を予想することだけです。

これは、いわばバックミラーを見ながら車を運転しているようなものでしょう。バックミラーは後続車との距離を知るだけのために見ると思っている人もいますが、そうではありません。バックミラーに映る風景を見ることで、たとえば進行方向に崖が近づいているのがわかることもあります。それによって、あらかじめ危険を回避する準備ができることもあるでしょう。

私たちが歴史を学ぶのも、バックミラーに映る人間社会の営（いとな）みを見ることで、未来に待っている危機を予測するためです。未来のことはわからない以上、危機を回避するためのヒントは過去にしかありません。

その意味で、**第二次大戦後の国際社会は、懸命にバックミラーを覗（のぞ）くことで、大戦争を避ける努力をしてきました。** 国連安保理が拒否権を導入したのも、その結果のひとつです。二度目の世界大戦を防げなかった国際連盟の失敗に学んで、ベストではないけれどベターな選

択をした。それが新たな機能不全を招いているのもたしかですが、その失敗もまたバックミラーには映っています。常に真後ろの風景しか映らない車のバックミラーと違って、歴史というバックミラーには過去の風景がすべて蓄積されて残っています。それを見ながら、少しずつ軌道修正していくしかありません。

ただし、バックミラーを見れば必ず軌道修正できるわけではないのも事実です。そこには、過去の失敗だけではなく、成功体験も映っています。見るタイミングによって映る風景が違うので、父親のブッシュ大統領がベトナム戦争の失敗に学んで湾岸戦争を成功させた後、息子のブッシュ大統領がそれだけを見て崖に突っ込んでしまうようなことも起きてしまうのです。

■民主主義の怖さを誰よりも知るドイツ

第二次大戦直後、バックミラーにもっとも悲惨な風景が映っていた国は、やはりドイツでしょう。ヒトラーのナチスによるホロコーストは、人類史上でも稀に見るほどの異常な政治行動でした。

しかしそこで忘れてならないのは、そのナチス政権がクーデターのような暴力的な手段で

成立したのではないことです。**ヒトラーは、当時のワイマール憲法に定められたまっとうな民主的手続きによって、ドイツ国民から政権を与えられました。**しかもワイマール憲法は、当時の他国の憲法とくらべてもかなり進歩的なものです。二〇歳以上の男女による普通選挙を実施していたのですから、女性に参政権を与えていなかった大日本帝国憲法よりもはるかに民主的な内容でした。

ですから、戦後ドイツのバックミラーに映っていたのは、ヒトラーやナチスの幹部たちだけではありません。カンボジアのバックミラーにはポル・ポトの姿だけが映っているでしょうが、ドイツの場合、独裁者を熱狂的に支持した国民の姿も映っています。ヒトラーの演説に拍手喝采を送った国民の支持がなければ、ナチス政権は誕生しませんでした。**本当に怖いのは異常な独裁者ではなく、それを支える国民の熱狂なのです。**

戦後のドイツは、それをよく知っていました。そのため、新たに作った憲法（ドイツ基本法）では、過去の教訓を活かしてある軌道修正を施しています。あまり知られていないかもしれませんが、戦後のドイツ基本法には「国民投票」の規定がありません。直接投票で意思決定を行うと、また国民の間に何らかの熱狂が広がったときに、どんな間違いを犯すかわからないと考えたのです。物事を冷静に判断して意思決定を行うには、選挙で選ばれた国会議

員に任せる間接民主制を貫いたほうがいい。ほかのどの国よりも「民主主義の危うさ」を知っているドイツならではの発想です。

しかし、これはドイツだけが考えればいい問題ではありません。なにしろ「国民の意見を直接聞かないほうがいい」という話ですから、納得のいかない人も多いとは思います。「むしろ政治家に任せるほうが怖い」と感じる人もいるでしょう。

でも、日本のバックミラーを見れば、やはり似たような風景が映っています。日中戦争や日米戦争は、当時、多くの国民に支持されました。一九四一年十二月八日に日本軍がハワイの真珠湾を奇襲したときは、著名な知識人たちも快哉を叫んだことが日記などに残されています。前述したとおり、戦争反対のキャンペーンを張った大阪朝日新聞は不買運動を起こされ、「イケイケどんどん」に方針を転換すると売上げ部数が伸びました。日本国民も戦争で気分が高揚して盛り上がっていたことはたしかです。

■「非国民」と「反日」

そのときによく使われたのが「非国民」という言葉でした。戦争反対を口にする人はもちろん、戦時体制に非協力的な態度を示したり、不自由な生活に不満をもらしたりするだけで

317

も、非国民扱いされて白い目で見られたのです。それも、官憲から睨まれるだけではありません。普通の庶民も日常的に「非国民」という言葉を使い、近所同士で陰口を叩いたり、いじめたりしていました。

当時は国民の戦意高揚のために、「欲しがりません勝つまでは」「ぜいたくは敵だ！」「足らぬ足らぬは工夫が足らぬ」「進め一億火の玉だ」などといった戦時標語が次々と掲げられました。その運動を推進したのは、「国民精神総動員本部」という機関。国民が不満を持たずに戦争に協力するよう仕向けたわけですが、素直にそれに乗って「非国民」を糾弾した人も多かったのではないでしょうか。

そういう空気が国内を支配していたことを、戦後の日本人はそれなりに反省したはずでした。しかし現在の日本を見ていると、バックミラーに映っているその風景と似た状況になっているように感じます。

たとえばネット上では、「ネトウヨ（ネット右翼）」と呼ばれる種類の人たちが、かつての「非国民」に代わって「反日」もしくは「在日」というレッテルを好んで使うようになりました。彼らは基本的に、集団的自衛権の行使容認や靖国神社参拝など安倍政権の政策や思想に同調しています。その主張に反対する勢力は「反日的」と見なし、日本を嫌う韓国人の味

318

方をしているという意味合いで「在日」と決めつけるのです。

また、在日韓国人や在日朝鮮人に対して罵詈雑言を浴びせるヘイトスピーチも目立つようになりました。日中戦争時に日本陸軍が掲げた「暴支膺懲」というスローガンを思い起こさせるものです。

観光に来た中国人が『日本は本当にすばらしい国だった』と思っている」とか「韓国人が本音では『日本の科学技術にはかなわない』と言っている」とか「韓国人が本音では『日本の科学技術にはかなわない』と思っている」とかいったネット記事を盛んに紹介し、「ほら見ろ」と溜飲を下げる日本人も増えました。

バックミラーに映るナチス・ドイツや旧日本軍のように、よその国や民族を一括りにして「あいつらは民度が低い」「文化的に遅れている」などと見下した態度を取るようになったら、その社会は非常に危険な状態です。

どの民族にも優秀な人はいますし、愚かな人もいるわけで、それは日本も同じでしょう。民族そのものに優劣などありません。そんな当たり前の常識も忘れ、根拠なく他者をバカにして「それに引き換え自分たち日本人は優

大政翼賛会が推薦した髪型「国民調髪・翼賛型」。生活のすべては戦争のために変えられた

れた民族だ」などと考えるのは、それこそが愚の骨頂です。

おそらく、自信がない人ほど他人を低く見て嘲笑したくなるのでしょうが、そういう言説がナチスを支持するドイツ国民の熱狂を生んだことを忘れてはいけません。バックミラーと目の前の鏡を見比べて、同胞を「非国民」と罵った時代の日本人と現在の自分の顔が似てきたら要注意です。その先には、七九年前と同じ「過ち」が待っていると思ったほうがいいでしょう。

■バックミラーが曇っていた戦後日本

ただし戦後の日本という車は、バックミラーがやや曇った状態でこの七九年間を走ってきたように思えます。まったく過去を反省せずに生きてきたわけではありませんが、反省をするときに、過去の風景がクリアに見えていたわけでもない。第二章でお話ししたとおり、戦争の総括を東京裁判という形で他者に委ねてしまったことで、誰が何を間違えたのかという責任の所在が曖昧になったのです。

それがはっきりしないのでは、どこをどう反省すべきかも明確になりません。そこがドイツと大きく異なる点でしょう。

ドイツの場合、ナチスとそれを熱狂的に支持した国民の姿がはっきりとバックミラーに映っています。だから、言論の自由を制限してもホロコースト否定やナチス礼賛を許さず、国民投票のような直接民主制を否定するなど、同じ過ちを繰り返さないための具体的な対策を立てることができました。

それに対して日本の場合、ヒトラーやナチスほど明白な「悪」の姿が見えません。「軍部が悪い」と言えばそうなのでしょうが、日本軍はナチスのようにトップダウンで全体が動くような組織ではありませんでした。本来、軍隊は上官の命令が絶対ですからトップダウンになるはずですが、日本軍は現場の判断を上層部が追認したケースが少なくありません。

たとえば、日中戦争の契機となった満州事変からしてそうでした。奉天の軍閥指導者の乗る列車を爆破した一九二八年の張 作霖爆殺事件も、満州事変の発端となった一九三一年の柳条湖事件も、関東軍の陰謀によるものです。現場の独断による一連の行動は、陸軍中央の方針から逸脱しており、明らかな軍規違反でした。ところが中央の上層部は関東軍を暴走させた首謀者を処罰することもなく、その後も彼らが戦線を拡大していくことを追認したのです。

こうなると、責任の所在ははっきりしません。勝手なことをした関東軍の幹部はもちろん

責められますが、上層部がそれを処罰しなかったのですから「自分は悪くない」と弁解する
ことができます。しかし陸軍中央のほうも、「そんな命令は出していない」と弁解できない
こともないでしょう。そういうはっきりしない風景が、私たちのバックミラーには映ってい
ます。

対米戦争についても、開戦の責任がアメリカ側にあると考える人は少なくありません。日
本はアメリカと戦争などしたくなかったのに、アメリカはあえて対日戦争を避ける努力をせ
ず、ハル・ノート（開戦前の日米交渉でコーデル・ハル国務長官が提示したアメリカ側の提案文
書。正式名称は「日米間協定の基礎的概要」Outline of Proposed Basis for Agreement
Between the United States and Japan）という過酷な内容の最後通牒を突きつけて、開戦を決
断せざるを得ない状況に日本を追い込んだという見方です。たしかに、そういう側面もあっ
たでしょう。

しかもアメリカは、最後に原爆投下という禁じ手も使いました。これについては、日本は
明らかな「被害者」です。第二次世界大戦中のドイツに、そのような局面はないでしょう。
第一次大戦後に請求された莫大な戦時賠償という同情の余地がなくはありませんが、誰がど
う見てもドイツは全面的に「加害者」です。その点で、バックミラーを曇らせる要素はあり

ません。しかし日本には、加害者でありながら被害者でもあるという二面性があります。こ
れも、戦後の反省を曖昧なものにした一因でしょう。

■どうすれば「過去の過ち」を繰り返さないでいられるか

　もちろん、過去の戦争に対する反省が不十分なのは日本だけではありません。

　本書で振り返ってきた「戦後の戦争」を見ればわかるとおり、この七九年間に起きた軍事
衝突に深く関わってきたのは、世界中から反省を迫られた日本やドイツではなく、むしろ第
二次大戦の戦勝国です。二度と戦争を起こさないために国際連合を設立したにもかかわら
ず、そこで中心的な役割を果たすべき「連合国」のアメリカとソ連が、どれだけ多くの国際
紛争を起こしてきたでしょうか。

　そう考えると、これは人類社会全体の問題だと言わざるを得ません。このまま戦争という
同じ過ちを繰り返していけば、いつかまた第二次大戦を上回る規模の大戦争が起きないとも
かぎらないでしょう。すでに、ロシアによるウクライナ侵攻やイスラエルによるガザのハマ
ス攻撃など、大規模な戦争に発展しかねない危機的状況です。未来に何が起きるかは、常に
不透明です。平和な世界を築くためには、バックミラーをよく磨き上げて、そこに映る過去

を冷静かつ謙虚に見直し、明確で具体的な教訓を得なければなりません。

そうでなければ、七九年前に原爆で犠牲になった人々も、安らかに眠ることができないのではないでしょうか。私たちがすべきは、単に「過ちは繰り返しません」と約束することではない。どうすれば過ちを繰り返さなくなるのかを、バックミラーを見ながら一生懸命に考え続けることなのではないでしょうか。

あとがき──戦争の教訓から学ぶために

戦後七九年が経ちました。終戦当時に一〇歳だった子どもも、もう八九歳です。戦場に実際に出た人となると、一〇〇歳近く、あるいは超えています。もはや私たちは、戦争当事者から生の体験談を聞くことができなくなりつつあるのです。

では、どうするのか。結局は、当事者の体験記や聞き書きを基にした書籍から知識を得るしかありません。こうした体験記を読めば読むほど、戦争がいかに悲惨なものであるかを知ることになります。

ですが、戦争を二度と起こさないようにするためには、それだけでは不十分だと思うのです。なぜ戦争が起きたのか。なぜ戦争を途中でやめることができなかったのか。戦争から、どんな教訓を得たのか。これらをきちんと受け止め、分析することが必要なのではないでしょうか。

第二次世界大戦後には、二度と戦争を起こさないようにと、さまざまな仕掛けが作られま

した。国連＝国際連合も、そのひとつです。

しかし、東西冷戦が始まったことで、国連の舞台では、アメリカ対ソ連の対立が激しくなり、国際紛争解決の手段としては無力であることが、しばしば起きました。

第二次世界大戦から得た教訓も、国によってさまざまでした。ソ連は、大戦でドイツ軍の侵略を受け、二七〇〇万人もの犠牲者を出したトラウマから、自国周辺に緩衝地帯を築こうと考え、東欧諸国を支配しました。東欧諸国は、独立した国家運営ができず、さまざまな悲劇が生まれました。

戦争の教訓が、次の悲劇を生む。　実に皮肉なことでした。

一方のアメリカも、"勝てなかった戦争"であるベトナム戦争の教訓から、湾岸戦争では勝利を収めますが、湾岸戦争の勝利体験が、次のイラク戦争の失敗を引き起こします。

人間は、なんと愚かな存在であることか。　現代史を振り返ることで、冷酷な現実に向き合うことになります。

日本に関して言えば、過去の戦争の教訓から、戦後七九年、自衛隊は一人の戦死者を出すこともなく、自衛隊員が他国の兵士を殺害することもなく、平和に暮らすことができました。これは誇ってよいことです。その一方、あの戦争をどう総括するかをめぐっては、国内

でも意見が対立し、周辺国家との摩擦も絶えません。

戦争と戦後の歴史から、私たちは何を学ぶことができるのか。そして、戦後が「戦前」へと転化することがないようにするには、どうしたらいいのか。それを考える一助になれば、こんなに嬉しいことはありません。

この本は、祥伝社の編集者・松田祐子さんと岡部康彦さんの熱心なお勧めによって誕生しました。この形にするにあたっては、岡田仁志さんにお世話になりました。さらに今回、飯島英雄さんの手をわずらわせました。感謝しています。

池上　彰

写真／朝日新聞社、毎日新聞社、共同通信社、ロイター＝共同、時事、AFP＝時事、EPA＝時事、SPUTNIK／時事通信フォト、Cynet Photo、ウィキメディア・コモンズ

編集協力／岡田仁志　本文デザイン／盛川和洋　本文DTP／キャップス

★読者のみなさまにお願い

この本をお読みになって、どんな感想をお持ちでしょうか。祥伝社のホームページから書評をお送りいただけたら、ありがたく存じます。今後の企画の参考にさせていただきます。また、次ページの原稿用紙を切り取り、左記まで郵送していただいても結構です。

お寄せいただいた書評は、ご了解のうえ新聞・雑誌などを通じて紹介させていただくこともあります。採用の場合は、特製図書カードを差しあげます。

なお、ご記入いただいたお名前、ご住所、ご連絡先等は、書評紹介の事前了解、謝礼のお届け以外の目的で利用することはありません。また、それらの情報を6カ月を越えて保管することもありません。

〒101-8701（お手紙は郵便番号だけで届きます）

祥伝社　新書編集部

祥伝社ブックレビュー

電話03（3265）2310

www.shodensha.co.jp/bookreview

★本書の購買動機（媒体名、あるいは○をつけてください）

＿＿＿新聞 の広告を見て	＿＿＿誌 の広告を見て	＿＿＿の書評を見て	＿＿＿の Web を見て	書店で 見かけて	知人の すすめで

★100字書評……新・世界から戦争がなくならない本当の理由

名前					
住所					
年齢					
職業					

池上 彰　いけがみ・あきら

1950年長野県生まれ。ジャーナリスト。慶應義塾大学経済学部卒業後、73年NHKに入局。報道記者として、松江放送局、呉通信部を経て東京の報道局社会部へ。警視庁、気象庁、文部省、宮内庁などを担当。94年より11年間、NHK「週刊こどもニュース」でお父さん役を務め、わかりやすい解説が話題に。2005年にNHKを退社し、フリージャーナリストとして多方面で活躍。現在、名城大学(教授)や東京工業大学(特命教授)など6つの大学で教えている。

新・世界から戦争がなくならない本当の理由

池上 彰

2024年3月10日　初版第1刷発行

発行者…………辻 浩明

発行所…………祥伝社 しょうでんしゃ

〒101-8701　東京都千代田区神田神保町3-3
電話　03(3265)2081(販売部)
電話　03(3265)2310(編集部)
電話　03(3265)3622(業務部)
ホームページ　www.shodensha.co.jp

装丁者…………盛川和洋

印刷所…………萩原印刷

製本所…………ナショナル製本

© Akira Ikegami 2024
Printed in Japan　ISBN978-4-396-11697-2 C0230